はじめに

すべての考える人のために

考えるって、めんどうくさい。限られた人生、細かいことは気にせず、ぼぉっと気楽に生きていたい。学問を仕事にしていても、ときどきそう思うことがある。

毎日、テレビやインターネットから、たくさんの情報が降り注いでくる。あきれてしまう報道も多い。なんでそうなるんだ、と怒りが込み上げてくる。そんなとき、どうすれば世の中が少しはましになるのか考えなければ、という気になる。でも同時に、考えてもしかたない、何も変わらない、聞かなかったことにしよう、と誘惑する声も聞こえてくる。

考えるためには、時間の余裕が必要だ。気力や体力もいる。でも、それだけではない。なにより、筋道をたてて思考するための「方法」がいる。うんうんとひとりで頭をひねりまわしても、考えは深まらない。

考えるために役立つ道具箱をつくりたい。しかも、文化人類学というユニークな学問が育ててきた思考の道具がたくさん詰まった道具箱を。この本は、そんな思いで編集された。

一三人の執筆者は、いずれも大学で文化人類学を学び、教えている。その研究のフィールドは幅広い

（地域は日本・アジア・ヨーロッパ・アフリカにまたがり、テーマも科学技術から宗教、芸術、経済、政治、家族、医療などさまざま）。みんな文化人類学の調査法であるフィールドワークをすることや、その成果であるエスノグラフィ（民族誌）を書くことを通して、途方に暮れるような複雑な現実をどう理解すればいいか、いまも「考える」ことに向き合っている者たちだ。

文化人類学者は、いろんな現場であらゆることに首を突っ込み、たくさんの出来事に直接かかわろうとする。そうするうちに、さまざまな事柄が絡み合って、単純に白か黒か判断できない状況が浮かび上がってくる。

学問によっては、要素を限定して枠組みを狭めて考えようとするのだけど、文化人類学は、むしろどんどん要素を増やして複雑さに満ちた世界そのものを描きだそうとする。だって、フィールドの人びとも私たちも、日常のなかでは経済とか、政治とか、家庭生活とか、いろんなことを簡単には切り分けられない、ひとつの生を生きているのだから。

そんな複雑な世界をまえに、文化人類学は、一見、無関係にみえることを比較対象にしたり、私たちが「常識」だと信じる物事の切り分け方とは違う枠組みをもってきたりして、考える。理屈だけでなく、現場で自分の身体に生じた違和感や変化にも目を凝らす。フィールドの人びとの感じ方や考え方と、自分たちが身につけてきたものとの間を行ったり来たりする。この遠回りにみえるプロセスを、文化人類学は大切にしている。その道のりは単純じゃなくて、はじめは戸惑うかもしれない。でもきっと、そこから見えてくるあたらしい世界をおもしろく感じるようになるはずだ。

もともとこの本は、大学で文化人類学を学ぶ学生に向けた教科書になるはずだった。でも時間をかけて各章の内容を考え、執筆者と対話を繰り返して書き方を工夫していくうちに、学生だけでなく、もっと多くの人に何かを伝えられるのではないか、という思いが強くなった。企画の立案から本の完成までに四年をかけた。文化人類学の古典から最前線の研究までを見通せる、中身が濃くて骨太だけど、できるだけ読みやすい本にしようとしてきた。

文化人類学をまったく知らない人も、これから勉強してみたい人も、考えることに行き詰まっている人も、もっと違う角度から世の中のことを考えてみたい人も、すべての考える人のためにこの本は編まれた。

もちろん、なにか明確な答えが書かれてあるわけではない。そもそも考えるべき問いがみんな違うのだから、答えはそれぞれに違う。重要なのは、どうやってその答えにたどり着くルートを探索するか、その目のつけどころやアプローチの方法だ。

考える旅のお供として、風変わりな対話のパートナーとして、文化人類学のユニークな思考法を多くの人に知ってもらいたい。それが、世の中をほんのちょっとましにするんじゃないかと、執筆者一同、信じている。

目次

第Ⅱ部 価値と秩序が生まれるとき

第III部　あらたな共同性へ

コラム

序論　世界を考える道具をつくろう

文化人類学の遠近法

文化人類学を学ぶと、もうそれ以前の自分には戻れなくなる。自分が変わり、世界がまるで違って見えるようになる。この本には、できるだけ多くの人にその魅力を知ってもらいたいと、文化人類学の思考法のエッセンスを凝縮した。そのひとつの鍵は、「近さ」と「遠さ」にある。

文化人類学では、フィールドワークをとおして、対象にできるだけ近づく。ある土地に生きる人びとの息づかいや匂い、声、肌触りのなかに身をおき、五感を働かせてものごとを理解しようとする。冷静に客観的であろうと心がけつつも、なぜそこで違和感を覚えるのか、自分のなかに生起する問いから目をそらさないようにする。この「近さ」は、文化人類学的思考にとって欠かせない足場だ。

同時に、文化人類学は「遠さ」のなかで思考する。たとえば、私たちが日々使っている貨幣やあらたに登場した仮想通貨について、ミクロネシア連邦のヤップ島で使われてきた石の貨幣（石貨）をもとに考察する（⇒7「貨幣と信用」）。世界中で頻発する現代の戦争を理解するために、東アフリカの牧畜民社会のあいだで起きてきた戦いをとおして検討する（⇒9「戦争と平和」）。おそらくは、その比較の射程の広さが社会学など隣接学問との違いのひとつだ。

調査対象との「近さ」と比較対象の「遠さ」。この「距離」が、文化人類学的想像力に奥行きと豊かさをもたらす。私たちの固定観念を壊し、狭く凝り固まった視野を大きく広げてくれる。それが世界の別の理解に到達するための可能性の源泉でもある。

この「距離」は、必ずしも地理的・空間的なものだけではない。時間の隔たりも重要になる。文化人類学は、いま目の前で生起している現象を、ときに人類の進化やホモ・サピエンスがたどった歩みのなかでとらえ返そうとする。最先端の科学技術について問いなおすとき、旧石器時代に人類が狩猟のために使用した道具が思考の材料となる（⇒2「技術と環境」）。カラハリ砂漠の狩猟採集民がつづけてきた生業から、人間にとって「働く」とはどんな意味があるのかが見えてくる（⇒10「子どもと大人」）。フィールドで体感している「いま・ここ」の時間を人類の歴史の時間軸に引き伸ばしながら考える。それは必ずしも、私たちがいかに変化してきたか、いかに多様であるかを問うだけではない。同時に、いつの時代も変わらない、人間にとっての普遍性を探りだす旅でもある。

文化人類学の理論もまた、思考に距離をもたらす参照軸として、現代に生きる私たちの羅針盤になりうる。その理論が、考えるべき現象の文脈から遠ければ遠いほど、想像もしなかった地平に私たちを立たせてくれる。「未開」とされてきた人びとの呪術に関する理論は、現代の私たちの健康や美についての信念が呪術的思考とそれほど違わないことを教えてくれる（⇒3「呪術と科学」）。南米の先住民の神話を分析すると、唯一の変わらない客観的な自然があるという認識が西洋近代に特異な見方であることを突きつけられる（⇒1「自然と知識」）。文化人類学の理論は、現代の私たちが日常的にふれている事柄をまったく違うかたちで照らしだす。この遠い地平から見える世界の姿を自分の生きる社会やフィールドで出会う人びとの姿と重ねあわせると、目の前の景色ががらりと変わる。文化人類学には、私たちの見ている世界を変える力がある。

本書は、この「近く」の出来事を「遠さ」のなかで理解する文化人類学の思考法を、具体的なトピックに沿って解説していく。それは一見、曲がりくねった迂回路をとおるような作業に見えるはずだ。でも、この「距離」こそが、文化人類学的思考のエッセンスであり、あたらしい世界の見方を手にするために欠かせないスタート地点である。

さて、時間と空間を超える自由な想像力をたずさえて、文化人類学的思考の旅に出よう。

思考の手がかり——ことばの手前、ことばの先へ

私たちがものごとを「わかる」とは、いったいどんなことなのか。ひとつには、そのものごとや現象をことばによって名づけ、その論理の網の目のなかに位置づけることだ。たとえば、女性と男性、私的と公的、家庭的と社会的といった対立するカテゴリーで、私たちは世界に境界線を引いて、把握しようとしている（⇒11「親族と名前」）。それはときに女性が家庭内の仕事に従事することを正当化する論理に

もなってきた。文化人類学的に思考するとは、その名づけ／位置づけのプロセスをあらためて問いなおすことでもある。

ただし、文化人類学では、必ずしも「ことば」だけを手がかりに思考するわけではない。フィールドワークという手法を大切にしてきた文化人類学は、そのことばの手前で立ち止まることを求める。自分の身体を動かし、現場に出向く。ときに、自分たちとは異なる人びとの言語を学習して対話し、ともに時間を過ごす。そのなかで事前の調査計画が机上の空論にすぎなかったことに気づかされる。そうして自分のなかにあることばをいったん疑い、別の理解、あらたなことばの可能性を探る。文化人類学という学問には、このフィールドワークという身体的経験が欠かせない。そこには、ある種のカルチャーショックをともなう身体経験を介して、既存のことば＝概念がとらわれてきた世界認識を刷新したいという思いがある。

メラネシアのトロブリアンド諸島の調査から長期参与観察という文化人類学の研究手法を確立したブロニスワフ・マリノフスキーは、『西太平洋の遠洋航海者』（原著初版一九二二年）のなかで現地調査の最終的な目標とは、「人びとのものの考え方、および彼と生活との関係を把握し、彼の世界についての彼の見方を理解することである」と書いている。そのためには、人びとの生活のただなかに身をおいて、そこで起きるさまざまな事柄を分け隔てなく調べなければならないし、人びとがそれぞれの事柄をどのように意味づけているか、その人びとの価値観や解釈を把握しなければならない。マリノフスキーはそう考えた。

ところが、現場に身をおいて他者と長い時間をかけてふれあえば、その人たちのことがたちまちにわかるわけではない。観察者は、必ずしも中立的で透明な存在ではないからだ。フィールドでは、文化人類学者自身もすでにある文化や価値観をもった存在として他者とかかわる。そこでの他者の姿は、まず自分たちとの差異として現れる。そして、その他者の存在は同時に、それとは異なる私たちの姿を浮かびあがらせる。そのことをロイ・ワグナーは、文化人類学者は他者の文化をつくりだしながら、同時に自身の文化をつくりだしている、と指摘した［ワグナー　二〇〇〇］。文化人類学は、あたかも異なる文化がそこに存在するかのように学問的に人間を研究しながら、じつは自文化と異文化を同時に発見／発明しているのだ、と。

　この差異をとおした他者理解と自己理解の経験は、文化人類学者のフィールドワークに限られたことではない。私たちも日常のなかで、いろんな人との違いを見いだし、同時に自分自身を発見している。街でみかける外国人について、「〇〇人は××だ」と感じることがあるかもしれない。このとき同時に「××ではない私たち」という自己イメージをつくりだし、維持しようとしているのだ。

　外国の人だけではない。同じ日本に暮らしていても、「それは古い世代の考え方だ」とか、逆に「最近の若者は……」などと、つねに違いが見いだされる。その差異は、はじめからそこに「ある」ものではなく、自分たちとそうでない者たちの区別をつくりだす相互作用のなかで「つくられる」。文化人類学は、その差異を説明することの難しさ、危うさを認識したうえで、彼らと私たちとのあいだの関係について思考をめぐらせてきた。

この文化人類学の思考法は学問のためだけの方法論ではない。むしろ、私たちがつねに直面しているさまざまな差異と向きあう技法にかかわっている。身のまわりの他者との出会いやすれ違いをどう受けとめればよいのか。一見、深刻な違いにみえるものは、ほんとうに本質的な差異なのか。そんなだれもが経験する問いに向きあうとき、「比較」が有効な道具になる。

比較から世界をみる

あの人たちと私たちは違う。でも、どう違うのだろうか？　その差異の感覚をことばにするのは、じつはけっこう難しい。その両者を並べて比べればその違いがすぐに見えてくるわけではない。むしろ安易な比較は、私たちの自己像を守るためだったり、彼らとのわかりやすい差異を際立たせたりするだけで終わってしまう。そこにあるはずの共通性や普遍性を見逃してしまうかもしれない。本来、比較すべきなのは別の何かかもしれない。「比較」には、それをうまくやるための道具がいる。そのひとつが文化人類学の概念や理論だ。さまざまな現場でフィールドワークをし、その差異の感覚を把握しようと文化人類学者が編みだしてきたことばは、比較のためのよいモノサシになる。

文化人類学者たちは、ありとあらゆる社会についていろんな観察をして、興味深い現象を記録している。たとえば、北アメリカ北西沿岸部の先住民が行っていた贈答の儀礼である「ポトラッチ」やニューギニアの島々の宝物の交換である「クラ」などがある。

本書にもたびたび登場するマルセル・モースは、それらに共通する特徴を取りだして、市場での売買のような経済的交換とは異なる「贈与交換」という概念を提示した（⇒6「贈り物と負債」）。この概念をとおして自分たちがやっていること、たとえば家族や親しい人とのプレゼントのやりとりを眺めると、私たちはいったい何のためにそんなことをしているのか、その意味を理解するきっかけが得られる。

でも、完全にはあてはまらない部分もあるかもしれない。じゃあ、この概念をどう考えなおせばよいのだろうか？　このように、文化人類学の概念を手がかりにして、考えを進めていくことができる。過去の理論や概念を勉強してあてはめるだけではなく、道具として用いて他の事例と比較するなかで、あらたなことばを獲得していくのだ。

私たちの身のまわりには、いろんな違いを際立たせる境界線がある。ふつうに暮らしていると、いかに自分たちがその境界線に縛られているか、気づきにくい。フランスの有名な美術館に収蔵された彫刻の像は疑いもない「芸術品」で、ニューギニアの人びとが宝物の交換のために使う壮麗な木製カヌーはそれとはまったく違う「生活道具」だ。そう考えてしまうかもしれない。その背後には、芸術とは生活のなかの実用性からはかけ離れた高尚な世界だといった思い込みがある（⇒5「モノと芸術」）。

でも、考えてみると、なぜあるモノが芸術になったり、芸術でなかったりするのか、うまくことばにして説明できる人は少ないだろう。さまざまな非西洋社会を研究してきた文化人類学者は、こうして近代社会が前提としている「あたりまえ」の線引きを根底から問いなおしてきた。芸術品とされるモノと、そうとは考えられていなかったモノとを比較することではじめて、芸術とは何か、美とは何かを考えることが可能になる。世界を差異によって分けていることばを遠い社会のレンズをとおして見なおすことで、私たちがあたりまえに受け入れ、とらわれてきた近代社会の常識を相対化してきたのだ。文化人類学は遠くの「彼ら」を知るためだけの学問ではない。彼らと私たちとの比較をとおして、自分たちがいったいどんなことを「あたりまえ」として生きているのか、私たちが生きるこの世界のあり方をとらえなおすための学問なのだ。

「さまざまに違うこと」の可能性

文化人類学の思考は二つの迂回からなっている。遠いフィールドへの迂回と、遠い理論への迂回。でも、もはやフィールドの遠さは意味がないようにも思える。人もモノも情報も国境を越えて移動し、新しい結びつきをつくっている。このようなグローバリゼーションの結果、私たちはいくぶんか彼らに、彼らはいくぶんか私たちになっている。両者を隔てていた距離は縮まり、みんな似たようなスマートフォンを使って似たようなメディアに接し、似たようなことば遣いで似たようなモノを消費したいと欲するようになっている。このような均質化の語りには、ある程度の説得力がある。だとすれば、遠い彼らをとおして私たちについて考えなおす文化人類学の比較の手続きは、無意味になったのだろうか。

事態は、もう少し複雑だろう。そもそも、かつては混じり気のない純粋な文化があったというのは幻想にすぎない。ジェイムズ・クリフォードが「旅する文化」と呼んだように、文化的な多様性は、つねに人びとが旅して持ち帰った多様な要素の混ざりあいをとおしてつくられてきた〔クリフォード　二〇〇二〕。グローバリゼーションはかつてからあったそのようなプロセスをより強くするものと見ることができる（⇒8「国家とグローバリゼーション」）。人やメディア、技術、資本やイデオロギーといった要素は、バラバラにさまざまな方向に移動して、世界のあちこちで独特の結びつきをもたらす。新しい違いは、そうやって日々生みだされている〔アパドゥライ　二〇一〇〕。だから、じつは文化人類学的思考のきっかけとなるフィールドは、消え去るどころかむしろ私たちの周囲に増殖している。たとえば、いつのまにか近所に住むようになった外国の人びとの暮らしなどは、わかりやすい例だろう。でも、それだけではない。大学の実験室で働く科学者たちや、高齢化社会で増えてきたケアワーカーの生き方だって、新しく生まれつつある多様性なのだ。

遠い概念を用いて、このような「あらわれつつある生き方のかたち」について考えるとき、「私たちはどこから来たのか、私たちは何者なのか」だけではなく、「私たちはどこへ行くのか」について、より自由に考えはじめることが可能になる。呪術を念頭におきながら科学者の実践を見なおすとき、あるいは贈与を念頭におきながら仮想通貨の取引を考えるとき、呪術から科学へとか、贈与から市場へといった進化の図式は、あたりまえとは言えなくなる。過去のものと思われていた国家なき社会に似たものが、私たちのまわりに出現しはじめていることに気づくことができる。では、私たちはどこへ向かおうとしているのだろうか。私たちはどのような存在になりうるのだろうか。

本書は、この問いに関してみなさんに特定の答えを与えるためのものではない。そもそも、文化人類学の専門家である著者たち自身、確実な答えなどもっていないのだから。むしろ、本書がやろうとしているのは、この本を手にとった読者が自分たちの問いに取り組もうとするときに役に立つ、ささやかな道具を提供することだ。それらの道具は、人類学者や人類学者になろうとする人だけのものではない。遠くはるかなる視線をとおして自分が暮らす「いま・ここ」とその行方について考えなおそうとするすべての人にとって手がかりとなりうる。少なくとも、著者たちはそう確信している。

自分なりの思考の道具をつくるために――本書の構成

ここまで書いてきたように、本書のねらいは「近さ」と「遠さ」の行き来をとおして、読者が自分にとってのあたりまえの世界を見なおす思考の道具をつくる、その手助けをすることだ。そのために本書では、どの章も意図的に、一見すると遠いものや異質なものどうしを引きあわせ、既存のことばや概念を問いなおすという手法をとっている。そのなかには、はるか遠くのフィールドと私たちの日常を架橋するだけでなく、古典的な理論と新しい理論をつなげたり、人類学とは異なる学問領域との接続を試みたりしている章もある。

文化人類学について解説した本の多くは、これまで「経済人類学」や「宗教人類学」など、制度化された枠組みを用いて学説を説明し、その変遷を体系的に解説する、という構成をとってきた。そのわかりやすさと意義を十分に理解したうえで、本書では、あえてそうした構成をとっていない。その理由は、

「近さ」と「遠さ」、「私たち」と「彼ら」のあいだを行き来し、境界を越えていくという文化人類学的営みの特徴そのものを、私たち自身の書き方によって示す必要があると考えたからだ。文化人類学者がフィールドで出会うような驚きやとまどい、そしてそれらを経て自分のあたりまえを問いなおすというエキサイティングな経験を、読者が擬似的に追体験できることを期待している。

もちろん、フィールドで文化人類学者が感じるとまどいや違和感、あるいは心地よさといったものは、その多くが現場での直接的な身体経験と切り離せない。それを限られたことばで臨場感をもって伝えることには困難さがある。それでもなお、それぞれの身体をとおして得た気づきや発見を、ただ学説や理論としてまとめるだけではなく、「いま・ここ」に生きている多くの人にとっての新鮮な「気づき」のための手がかりとして提示してみたい。そうした意図が根底にある。

本書は、三部から構成されている。第Ⅰ部「世界のとらえ方」では、私たちの世界の基盤をなしている区分けを文化人類学的に見なおすことを試みる。それはたとえば、自然であり、技術であり、さらには科学でもある。私たちは、自然と文化は別個のもので、科学と迷信は正反対のもので、技術と人間の身体は別物だと考えている。第Ⅰ部の各章からみえてくるのは、私たちが世界を認識するときにあたりまえのように使っているそれらの境目がとても曖昧だということだ。私たちは、いろんなものを区切り、名づけ、その枠のなかで生活を営んでいる。でもじつは、それぞれの枠を区切る境界はそれほど強固なものではなく、いつのまにか変更されていたり、消滅していたりする。現実と現実ではないものとの区別さえ、じつは不確かなものでしかない（⇒4「現実と異世界」）。このことを、フィールドワークをとおして文化人類学者は鋭敏に感じとっている。第Ⅰ部の各章は、きちんと区分けされているように見える世界のゆらぎやもろさ、つねに境界からはみだし、完全には分けられない世界を区分けしたつもりになって生きていることの居心地の悪さのようなものを、私たちの前に差し出している。

第Ⅱ部「価値と秩序が生まれるとき」では、第Ⅰ部とも通底する方法として、私たちの現実世界を「すでにある」ものとして分析するのではなく、それがどのように生成しているのか、という視点から見なおすことを試みる。第Ⅱ部の各章からみえてくるのは、人とモノがともに織りなす行為がある価値を生みだし、それを原動力として、ある現実がつくりだされ、共有されていくという事態だ。芸術にせよ、戦争にせよ、現代社会ではすでになんらかの価値づけがなされ、特定の秩序のもとにおかれているようにみえる。その前提となっているのは、市場と国民国家の存在だ。第Ⅰ部でもふれられている日常的な区分けや名づけは、じつは多くの場合、市場や国民国家の制度や秩序としても機能している。だが、文化人類学の特徴は、あえて市場や国民国家的なものではない秩序や価値に目を向け、それらをたんに遅れているとか、非合理的だと切り捨てるのではなく、その意味や可能性を考えつづける点にある。そうすることで、私たちが普遍的だと思いこんでいるような制度や秩序、価値や倫理といった固定的な枠組みを少しでもずらし、複雑で入り組んだ世界を解きほぐすことができるかもしれない。

第Ⅲ部「あらたな共同性へ」では、人が集団のなかで生きていることの意味を考えていく。私たちは身近な人びととのかかわりをとおしてことばやふるまいを学び、他者との関係性のなかで、たとえば子どもになったり、学生になったり、社会人になったりする。政治に参加する「市民社会」の一員となることも、そこから排除されることもあるだろう（⇩13「市民社会と政治」）。私たちの生はこんなふうにいつも根底から、人びとの関係にもとづく共同性によって規定されているようにみえる。だが、その規定のあり方は一様ではないし、固定的でもない。文化人類学は、人間が他者との関係性をとおして「人になる」プロセスとその多様性を注視してきた。親も、子も、最初からそうした存在なのではなく、相手を見守り、そっと手を差し伸べるケアの実践のなかで、何者かに「なる」。人びとの関係性が社会的な「人」をつくりだす。だからこそ、人と人が相互にかかわりあう行為をとおして、社会の共同性そのものを変化させることができる（⇩12「ケアと共同性」）。このとき、人が生まれ育ち、年老いて死んでゆくという、一見すると自然で普遍的にみえる営みにも、多様な可能性があることに気づく。それは第Ⅱ部でみたように、ある制度や秩序のもとでの生を相対化し、別のありうる姿を見いだすことにほかならない。そこに、人類がずっと昔から他者や動物などと関係を築きながら、そのつど生み出してきた古くて新しい共同性の手がかりがある。

本書が一貫して試み、また読者に促そうとしているのは、さまざまな側面から私たちの「あたりまえ」をゆるがし、「ちょっと待って、ほんとうにそうなの？」と問いなおしてみることだ。「だって、そう決まっているから」「それが常識でしょ」とだれかに答えられるよりも早く、「違うやり方もあるよ」と投げかけてみる。それは、私たちにはたったひとつの現実世界しかありえないのではなく、別の現実を生きることもできるという可能性を示すことでもある。でも、いったいどんなやり方が？　そのヒントを、文化人類学の思考法をたどる旅のなかで見つけだしてほしい。

（松村圭一郎・中川理・石井美保）

世界のとらえ方

南インドの農村で田植えに勤しむ女性たち

I

1 自然と知識——環境をどうとらえるか?

自然についての「あたりまえ」を問い直す

ターバンを巻いて髭を生やした男性、白い肌のブロンドヘアの女の子、真っ赤なチャイナドレスに身を包んだ女性、ドレッドヘアの黒人男性……国籍も民族もさまざまな人たちが、青々と光り輝く丸い地球の上で、手をつないで立っている。こうした絵に「私たちの地球環境を守ろう」という文字が添えられたポスターを、どこかで目にしたことはないだろうか。それは、環境省の啓蒙ポスターであろうと、小学生の絵画コンクールであろうとよく使われるイメージである。それが伝えようとしているメッセージは明確だ。自然環境というのは境界のない「ひとつの」ものである。だからこそ「私たち」は国や民族や文化の違いを超えて協力してそれを守らなくてはなくてはならない。

このような絵につづいて、環境省のホームページには次のようなことが書かれている。「地球の環境を守っていくためには、地球に住むみんなが環境を大切に思う気持ちをもつことが大事。小さなことでも力を合わせて取り組んでいけば、自然豊かな未来につなげることができるよ!」。じっさい、私たちの身の回りには、「小さな取り組み」への呼びかけがあふれている。燃えるゴミと燃えないゴミを分けること、電気をこまめに消すこと、マイ箸・エコバックを持参すること、コピー用紙の裏紙を使うこと……。それらは、「地球市民」だれもが日常生活のなかで取り組むべき「地球にやさしい」行動のパターンだ。

このように、自然環境について私たちが考えるとき、そこにはいつも（文化や民族と違って）「ひとつの」「普遍的な」「全人類が協力して保護すべき」自然といったイメージがつきまとう。自然ではなく人間についての学問であり、また人間の普遍的な特徴だけではなく、違いや多様性に目を向けてきた文化人類学においても、自然は重要なトピックになってきた。自然についての人類学の研究は、さまざまな方法で自然をめぐる「あたりまえ」のイメージを問いなおしてきた。「二酸化炭素の排出が温暖化をまねく」といった科学的知識は、自然についてのたったひとつの正しい知識なのだろうか。そもそも、自然はほんとうに「ひとつのもの」なのか。こうした問いについて考えていくことで、私たちはこれからいかに他の人間や自然界における多様な存在と共生していけるのか、より広い視野から考えることができるだろう。

自然を分ける知識——民俗分類

「地球市民」として環境のために何かしようと決意したとき、私たちが頼るのは、「二酸化炭素の増加が温暖化をまねく」「この動物は絶滅危惧種である」といった近代科学の知識だ。それは、自然についての客観的な正しい知識であり、全世界で同じように共有され、地球環境保護のベースとなるべきだと信じられている。それに対して人類学は、「未開社会」においても近代科学に勝るとも劣らない、自然についての経験的な「知識」が存在すると伝えてきた。マリノフスキーは、このような知識を「未開の科学」と名づけた。

そうした「未開の科学」を具体的に描いたひとりとして、認識人類学という分野を切り拓いたハロルド・コンクリンがいる（⇒コラム1）。コンクリンは、フィリピン・ミンドロ島に暮らすハヌノオの人たちが身の回りの事物や生きもの、とくに植物をどのように分類し、名づけるのかということに注目した［Conklin 1955a］。コンクリンの前にも「民族植物学」と呼ばれる分野の研究者たちが、さまざまな民族が用いる植物の名称を調べ上げていた［コットン 二〇〇四］。ただしそれは基本的に自然科学の側からのアプローチであり、現地の人びとの用いる植物を植物学の学名に即して整理していた。それに対しコンクリンは、ハヌノオの人たち自身が用いる植物の名称を詳細に調べ上げ、当時のアメリカの人類学でさかんだった言語学的な分析を加えた。ここに自然と人間の関係を、個別社会における動植物と人間の関係、とりわけ動植物についての「民俗分類」をもとに考えていこうとする流れが生まれた。

コンクリンによると、ハヌノオの人たちは一六二五種類もの植物を名づけ、分類する「優れた植物学者」である。この一六二五という数字がいかにすごいかは、私たちがチューリップ、すみれ、たんぽぽ、など何種類の植物の名前を日本語で挙げられるかを考えてみるとわかるだろう。そしてハヌノオの植物の名前は、詩歌において多様な意味をもたされるなど、人びとの生活の文化的側面と密接に関連している。さらにハヌノオの人びとは植物をデタラメに名づけているのではなく、発芽の仕方、茎の伸び方などの生長上の特徴に即してくわしく分類しているという。つまりそれは、生殖上の特徴に即して植物を分類する科学である植物分類学のやり方とは異なるものの、すぐれて内的に一貫した体系である。だからこそ私たちはそれを「知識」と呼ぶことができる。

コンクリンは、植物分類についての研究のほかに、ハヌノオの人びとが自然界にある色をどう認知し、分類するかについての研究を発表している［Conklin 1955b］。コンクリン以降、多くの人類学者がさまざまな社会の人びとの豊かな分類知識をもとに、私たちの社会で信頼されている科学だけが唯一の自然知識ではないことを示してきた。こうした研究は一九八〇年代以降、人類学を超えて、じっさいの開発プロジェクトや自然資源管理プログラムなどにおいて評価されるようになっている。

「参加型開発」ということばを生みだしたロバート・チェンバースによると、土着の知識は科学よりもそれぞれの地域の生態系に適合的である。それゆえに、そうした現地の知識に頼ることなしには開発プロジェクトの成功はありえない［チェンバース　一九九五］。また近年各地の先住民の人びとが使う薬草がバイオテクノロジーを用いた最先端の製薬開発にヒントを与えている［プロトキン　一九九九］。生物多様性保全をめぐる施策に、近代科学がまだ名づけていない動植物を分類してきた現地の人びとの知恵が必要とされることも多い。一九九二年に採択された生物多様性条約では、生物資源についての地域コミュニティの人びとの「知識」を保護し、またそれに対する人びとの権利を保障するための規定が盛り込まれた。このようにして、遠くの人びとの自然をめぐる豊かな「知識」に目をつけてきた人類学の視点は、「自然についての知識＝自然科学の知識」という環境保護の前提をゆるがしているのかもしれない。

自然と文化の対立を疑う

　このように認識人類学の研究は、自然についての文化的に多様な分類知識を描くことで、自然科学だけが自然についての唯一絶対の知識ではないことを示してきた。その一方で、そういう研究の自然に対する人間の側の分類、自然についての文化的知識という前提を疑う潮流もある。コンクリンの民族誌を材料の一つとして『野生の思考』（原著初版一九六二年）を書いたクロード・レヴィ＝ストロースは、「自然／文化」を二分する発想自体は普遍的だとした。そして、植物や動物はそれに対する分類をとおして人間の思考について「考えるのに適した」素材だと述べた。しかし、ほんとうにそうなのか？　一九八〇年代以降さかんになったのは、自然をどう分けるかの文化的多様性だけでなく、自然と文化をどう分けるかの多様性を見つめる研究である。

　試しにまず日本のことを考えてみよう。私たちは「自然」と言うとき、「手つかずの自然」「自然の脅威」などと表現する。ここにはたしかに、人間の文化の影響を受けていない自然環境、ありのままの動物や植物、山や川などの姿がイメージされているようだ。しかし翻訳研究者の柳父章によると、日本語の「自然」ということばは、明治以降に英語のnatureの翻訳語として使われるようになって初めてこのような意味を獲得したという［柳父　一九七七］。明治以前には、自然という語は「おのずからそうなっているさま、天然のままで人為の加わらぬさま」という意味で用いられていた。この古典的な自然の意味は、「人為」と対置されているという意味でnatureと共通している。この共通点ゆえにこの語が翻訳語として選ばれた。しかし、日本語の「自然」はもともと副詞や形容詞として使われ、人為の加わらない「状態」を示していた。つまり、名詞として自然環境そのものを表すようなことばではなかった。今でも私たちが使う「自然」ということばには、古い意味と新しい意味が混ざりあっている。私たちは、リラックスした、飾らない状態でテレビに出る芸能人を「あの人は自然体でいい」と賞賛する。その一方で、「手つかずの大自然」「自然の脅威」などという意味での新しい「自然」も、すっかり私たちに馴染んでいる。

つまり、日本のことを考えても、人間の文化の影響を受けていないありのままの自然環境、という意味での「自然」は、西欧からの輸入によって成立している。それはせいぜいここ一五〇年くらいの発明であって、まったくもって「あたりまえ」ではない。一九八〇年代から九〇年代にかけての人類学は、各地の「自然と文化」というカテゴリーに大まかに対応する概念を詳細に検討した［ストラザーン　一九八七］。そして、「（人間の外側にある）自然と（人間のつくりだした）文化」という分け方自体が、西洋の文化が構築したものであって、普遍的なものではないということを示していった。

こうしたなか、自然や文化との関係を普遍的なものととらえない視点に立ちながら、概念の検討ではなく、認識人類学と同じように動植物と人間の関係に注目した人類学者として、エドゥアルド・ヴィヴェイロス＝デ＝カストロがいる。彼は、南米の先住民の神話を分析して、そこで広くみられるコスモロジーを描こうとした［Viveiros de Castro 1998］。西欧では自然がまずあり、そこから文化へ移行する（動物が人間へと進化する）と考えるのに対し、先住民の神話世界はその逆である（人間的な状態がまずあり、そこから動物が差異化される）。だからこそそこでは、あらゆる動物は人間同様の魂をもつと考えられている。そして動物たちはみずからを人間だと考え、人間としての生活を営む。そしてみずからの生息地を村、巣窟を家、飲み物をビールとみなす。ただし、それぞれ身体が異なるため、何を村、家、食べもの、ビールとみなすのかはそれぞれ異なっている。たとえば、ジャガーは人間の血をビールと見る、ハゲタカはウジ虫を焼き魚と見る、バクは泥だまりを儀礼の場と見る。南米の先住民の世界は、こうした単一の精神（魂）のもと、異なる身体をもつ複数の存在によって成り立っている。

すなわちこの世界は、生物学的な身体をすべての種に共通のものとする一方で、精神的な世界、つまり文化に多様性を認める西洋世界とは対照的である。ヴィヴェイロス＝デ＝カストロはこの南米先住民のコスモロジー（世界観）を、私たちになじんだ多文化主義という考え方（単一の自然と多元的な文化）に照らしあわせて、「多自然主義（単一の文化と多元的な自然）」と名づけた。

このヴィヴェイロス＝デ＝カストロの仕事は、コンクリンの民族誌のような特定社会についての詳細な記録ではないし、現地の理解という観点からはいろいろと問題の多い著作である（⇒4「現実と異世界」）。一方で、「自然をめぐってどこに差異と多様性があるのか」について、認識人類学とは違うあらたな視点をうまく提示していることは確かだ。

自然に対する分類の多様性というとき、自然を分類する（唯一精神をもった）人間という想定がある。そこには、自然を人間の生活から分離した「手つかずの」実体と見る見方が潜んでいるのかもしれない。はたして誰にとっても、人間以外の種はただ人間に認識され、分類されるのを待っている「考えるのに適した」存在なのだろうか［cf. レヴィ＝ストロース　一九七六］。むしろ人間と動物のあいだに魂の連続性を見る人たちの立場からは、動物は身体のやりとりをつうじて人間と「ともに生きる」存在であり行為主体なのではないか［cf. ハラウェイ　二〇一三］。こうした視点から、他の種を認識し、分類する人間の知識ではなく、種間のかかわりあいに焦点を合わせる民族誌が、あらためて今、注目を集めている。

関係のなかにある自然

近年の人類学は、自然をめぐる文化的知識の多様性を示すだけでなく、私たちのもつ自然のイメージ自体が特定の社会に固有のものなのではないかと疑うようになってきた。それは、ひとつの自然にたいする複数の文化という前提自体をひっくり返す視点の転換だった。前節で紹介したような議論はきわめて抽象的だ。それらの議論を前提にしたうえで、認識人類学のように具体的な自然と人間の関係、とりわけ身の回りの動植物と人間がどうかかわりあうのかを見ていこうとする人類学者の仕事もある。

たとえばシベリアのユカギールの狩猟採集民の世界では、人、動物、モノは魂を備え、同じ理性的能力をもつ［ウィラースレフ　二〇一八］。ヴィヴェイロス＝デ＝カストロの描いた南米の神話世界と同じように、それぞれが異なって思考するのは、種ごとに固有の身体をもっているためだ。狩猟の場において狩人は、獲物であるトナカイの真似をして移動し、匂いを嗅ぎ、音を出すことで、同族となって彼らを惹きつけようとする。ただしそこで完全にトナカイに変身してしまうと、人間に戻れなくなってしまう（そのような危険な事例もたくさんある）。人間としてのアイデンティティを維持したまま、一時的かつ不完全なかたちで動物の身体を身にまとい、その視点を獲得することが重要なのである。

注目すべきは、こうした自然と文化、人間と他種の関係を問いなおすさまざまな最近の研究は、遠く離れた「他者の現実」について語っているのみならず、私たちの社会についても異なるものの見方を示していることだ。考えてみれば、自然を人間の生活から分離した「手つかずの」実体ではなく、人間と他種との具体的なやりとり・交渉の場ととらえるならば、たとえ都市生活のなかでも自然はある。

私たちの多くは、決して自然豊かな環境のなかに住んでいない。また、コンクリンの描いたハヌノオの人たちのように植物種の名前をたくさん知っていて、自然についての体系化された知識をもっているわけではない。しかしそんな私たちでも、具体的な生きものや事物と絶えずやりとりしていることには変わりがない。私たちはペットと情動的な関係を築く［ハラウェイ　二〇一三］。そこで、ユカギールの人たちと変わらず、犬になりきった声真似をして飼い犬を呼んだり、飼い主として自分と犬を差異化したりする。その一方で私たちの生活は「愛せない他者」との関係のなかにもある。たとえば私たちは、ゴミ捨て場に集まるカラスにゴミを荒らされないようにゴミ袋をきっちり縛ったり、新聞紙でゴミ袋の中身を見えなくしたりする。一時期の東京では、増えつづけるカラス対策として、カラス肉からミートパイをつくって売り出すという案まであったという。

さらに人間どうしのグローバルなつながりも、じっさいには多種間の入り組んだ歴史的な関係のなかにある（⇓8「国家とグローバリゼーション」）。たとえばアナ・ツィンは、松茸という種に注目してグローバリゼーションを描きなおしている［Tsing 2015］。日本人にとっての秋の味覚・高級食材として有名な松茸が、じっさいにはその大部分を海外からの輸入に頼っていることはよく知られている。日本人は松茸を自国で栽培しようと試行錯誤をくり返し、ことごとく失敗してきたのだ。

そもそも松茸はどう育つのか？　松茸は木から栄養を摂取するものであり、松茸菌は木の根と結合することによって、菌根という構造を作り出す。その共生関係は決して穏やかなものではないという。松茸は菌として成長することで、根の一部を腐らせてしまう。その一方で松茸は、強い酸を分泌して、岩や土から無機物を溶かすことで、木に栄養を届ける。また撥水性の厚い菌蓋を作り、他の菌類やバクテリアの進出を防ぐ役目も果たしている。

注目すべきは、こうした松茸と松の木の「共生」関係は、ある程度貧しい土壌でこそ成り立つということだ。良い土壌で競合する種が多い場合、松茸は死に絶えてしまうからだ。つまり松茸は、人間による持続的な森林への介入の結果、生育する。それでも松茸があるということは、その森が完全には壊滅していないことを意味している。この微妙なバランスは、今のところ人間による意図的なデザインによっては実現されていない。そんななか、中国雲南省では、人間によるナラの伐採や松葉の収集などによって「偶然」松茸の生産がもたらされた。そこでは、松茸の採集が一大ビジネスとなり、日本の消費者とのあらたなつながりを生んでいるという。ここに人間どうしのグローバルなつながりが松茸とその他の種の関係に媒介されているのだ。

このように人間が自然をどう認識し、分類するかではなく、種間のかかわりあいという観点から人間と自然の関係を見つめなおす最近の研究は、他者だけでなく、私たちの社会についても語っている。私たちの生活は犬、カラス、キノコ、など複数種との関係によってこそ成立する。その複雑な絡みあいを解きほぐすことは、一つの自然を守る「地球市民」ではなく、多様な動植物や事物とのやりとりのなかでしか生きられない具体的な存在として、みずからをとらえなおすことでもあるのだ（⇩13「市民社会と政治」）。

冒頭で書いたように、自然に対してはつねに、「ひとつの」「普遍的な」「全人類が協力して保護すべき」といったイメージがつきまとう。それに対して人類学は、多様な人びとにとっての「自然」をもとに、私たちの自然に対する「あたりまえ」のスタンスを問いなおしてきた。はたして私たちが信頼している科学的知識だけが、自然保護のための有益な知識なのか？　そもそも自然に対する人間の知識や行動、といった場合の「自然と文化」の分け方は正しいのか？　人類学的に「自然」を問いなおすことは、「私たちの自然を守ろう」といった抽象的な環境主義のスローガンを超えて、他の多様な生物、モノと私たちの日々の具体的な関係に目を向けることである。そうした視点は、「自然保護」「多種共生」という美しいことばではとても表現できない、私たちと多様な存在の緊迫した関係をもクローズアップする。

そもそも現代社会において、花粉症、鳥インフルエンザなど他の生きもの由来のウイルスは、すでに私たちの日常生活を脅かしている。私たちは冬にはインフルエンザワクチンを接種し、うがい・手洗いを徹底するように言われ、春になるとムズムズする鼻を押さえてマスクを着け、目薬をさす。そのようにして他種から必死で身を守りつづけることでしか、私たちの生活は成り立たない。だからこそ「自然との共存」は今や遠く離れた美しい「自然」を「地球市民」という特権的な地位から守ることではなく、私たち自身の生存にかかわる他種との緊迫した関係である。つねに具体的な自然と人間、種間の関係に注目してきた人類学の研究は、こうしたより日常的で差し迫った「環境問題」に目を向け、問いを生みだすためのあらたな視角を与えてくれるはずだ。

（中空　萌）

コラム1

認識人類学の展開　分けることと名づけること

私たちは身の回りのさまざまな存在を分類し、名づけることによって世界を認識する。認識人類学とは、この「分ける」という行為に注目して、人間の思考のあり方を探ろうとした人類学の一分野である。1章でとりあげたコンクリンは、フィリピンのハヌノオ社会における植物の名称の言語学的な分析をとおして、植物の民俗分類の社会内部における固有の意味を明らかにしようとしていた。

一方でコンクリン以降の認識人類学は、自然分類の通文化的比較をとおして人類に普遍的な認識の特徴を見つけだすことへと関心を移していった。その代表的な人物として、ブレント・バーリンがいる。彼のもっとも有名な『基本の色彩語』は、329の色票（物体の表面色の色名を決める基準とする色の見本）と、語彙素分析の方法（現地名の語彙の基本単位を抽出する言語学の方法）を用いて、約100の社会の色彩名称を比較した成果である［バーリン＆ケイ　2016］。そこでは、①すべての言語はシロとクロを示す名称をもつ。②もしその言語が3つの色彩名称をもつとすれば、この2つにアカを示す名称が加わる。③4つであれば、ミドリかキのどちらかが加わる。……というかたちで人類に普遍的な色彩パターンについての仮説が導かれている。

このように、民俗分類の社会固有の意味を明らかにすることをめざしたコンクリンと、人類に普遍的な認識のあり方を探求するバーリンは、異なる志向性をもって1970年代の認識人類学を盛り上げた（ちなみに人類学では、個別文化の内側から見た意味を探る視点を「エミック」な視点、どの文化にもあてはまるパターンを見いだそうとする視点を「エティック」な視点と呼ぶ）。一方で方向性は違っても、コンクリンもバーリンも現地語の名前や概念にこだわって研究を進めていた。私たちの社会の側の概念をそのまま現地社会にあてはめるのではなく、まず土着の概念を吟味したうえで比較を行うという姿勢は、現在でもあらゆる人類学者の他者理解の基本である。

2 技術と環境——人はどうやって世界をつくり、みずからをつくりだすのか

不自然な技術?

一九六〇年代にさかのぼるサイボーグのイメージは、いまでも健在だ。重い荷物を運べるパワードスーツ、機械と脳をつなぐブレイン・マシン・インターフェイス(BMI)、人工心臓に人工知能。かつてのフィクションは、次々に現実となっている。機械でもなく人間でもない、「怪物的世界」[ハラウェイ 二〇〇〇]が到来したのだろうか。

仰々しいイメージをつくりあげる前に、立ち止まって考えてみよう。サイボーグとは、技術と生体とのハイブリッドのことだ。では、競技用の義足やダイビング用のタンクを身につけた人はどうだろう。人間と技術の密接なかかわりは、最先端の技術に限った話ではない。ナイフや入れ歯は古くから存在していたし、杖、靴、眼鏡だって、身体能力を補い増強する立派な技術である。私たちは昔からすでにサイボーグだったのだろうか。

たしかに、サイボーグのイメージと、たとえば眼鏡をかけて過ごす日々の生活は、すぐには結びつか

ない。眼鏡をかけて外を歩いていても誰も気に留めないし、うっかりすると、眼鏡をかけていることを忘れたまま、どこに置いたか探してしまうことだってある。その瞬間、眼鏡をかけて目の前に現れている世界は、「世界そのもの」のように感じられている。技術はあたかも身体の一部のようであり、両者のあいだの境界はわかりづらい。あまりに自然に感じられるこうした技術を、わざわざサイボーグと呼ぶ必要はないだろう。ナイフを手にすることでつくりだされる世界、杖を使うことではじめて感じられる世界についても、同じことがいえる。

では、それが色眼鏡だったらどうだろう。そこで見えているのは、技術がつくりだした、人工的で、ゆがめられた世界なのではないか。とたんに、それは「世界そのもの」ではないと言いたくなってくる。遺伝子を改変して害虫を寄せ付けなくなった植物の種は、人工物であって「自然の」種ではない。記憶力を高める薬を飲んで試験を受けても、それは「本当の」能力ではない。ズルだ、偽物だ、そんな声も聞こえてきそうだ。技術の問題には、世界へのかかわり方にまつわるこうした緊張感がたしかに漂っている。

このとき、自然と不自然、本物と偽物のあいだには、ちょうど、眼鏡とサイボーグのあいだにあるのと同じ差異が感じとられていることを確認しておこう。眼鏡をかけた人は依然として人だけれど、サイボーグになってしまったらもう人ではない、というように。機械につながれた人をサイボーグと呼びたくなるのは、その存在が、人と呼ぶにはあまりに不自然に感じられるからだ。逆に、眼鏡をかけた人や靴を履いた人をあえてサイボーグと呼ばないのは、そのことで人の本性に変化が生じているようには感じられないからだろう。

だが、釈然としない思いも残る。この自然と不自然の感覚は、私たちの本来的な感覚なのだろうか。サイボーグであることがあたりまえの世界で、そのことに慣れてしまえば、眼鏡でみる世界と眼でみる世界のあいだに本質的な差異などないのではないか。不自然に感じられているだけで、じつは自然なことではないだろうか。それならば、なぜ不自然に感じたりするのだろうか。

技術と人の関係を考えるには、この自然と不自然の感覚からはいったん距離をおいてみたほうがよいのかもしれない。代わりに、人はもともと技術的な存在であったという歴史的な事実を確認することからはじめてみよう。人類学における技術論は、私たちをそうした理解へ導いてくれる。

相互的因果

人を「道具を作る動物」と呼んだのは、アメリカ合衆国建国の父とも言われる、ベンジャミン・フランクリンである。フランスの哲学者アンリ・ベルクソンは、ここからさらに、人間的な知性の定義の中心に道具の製作を位置づけた［ベルクソン 二〇一〇］。人は、ホモ・ファベル（工作する人）であることによって、他の動物から区別される。人の知性とは、道具を作るための道具を製作し、そしてその行為を無際限に変化させる能力のことである。

この定義で強調されているのは、道具の製作や使用そのものというよりは、それらを作り出す際限のない能力である。サルやチンパンジーもまた、石や棒といった単純な道具を用い、さらにはその使い方を工夫したり伝達したりすることが知られている。人がそうした動物と区別されるのは、人が道具を使用するときに、記号システムや言語といった意味の領域や、意図や表象といった複雑な心的機能とのかかわりがみられるからだ。わかりやすくいえば、人が道具にかかわるとき、そこには「心」が想定されている。この意味で、技術は、言語とはまた異なる仕方で世界を把握し、そして世界をつくりだす、すぐれて人間的な方法なのである。

人類学の分野で技術の問題を正面から扱ったのは、フランスの人類学者マルセル・モースである。ベルクソンと同時代人でもあったモースは、先に引用したホモ・ファベルの定義にふれながら、技術をまずは身体とのかかわりでとらえている。たとえば、歩き、走り、眠るという何気ない動作には、目的や状況に応じた特定の身体の使い方がある。枕を使って眠る、ハンモックで眠る、馬の上で眠る、立ったまま眠る、といった具合だ。モース自身は、歩きながら眠ったことがあるとさえ記している。道具の使用に先立つこうした身体の使い方は、「身体技法」と呼ばれる。身体技法は、目的の達成にとって有効なものであり、また伝承される〔モース　一九七六〕。

これに対して、身体の外側に独立した機能として作り出されたモノを、「道具」、その複雑な構成を「技術」と呼ぶことができる。手で紙を半分に切るときに私たちがする動作が身体技法だとすれば、同じ作業をするためにペーパーナイフを製作するのは、技術（道具）の発明である。

技術の特性について、モースは「相互的因果」という概念を提起している［Mauss 2012］。人は、ある動作や技法の延長線上に技術を作るだけでなく、作り出された技術によってみずからが影響を被るという、反対方向の関係性に同時にまきこまれているということだ。たとえば、先の尖った石器（尖頭器）は、大型の動物を仕留めるために用いられた旧石器時代の代表的な道具であるが、同時にそれは、狩猟という社会的行為を可能にし、狩猟社会が成立するための物理的な条件ともなった。石器やそれを用いた狩りの技術がなければ、人は大型動物を仕留めることができなかっただけでなく、一定規模の社会を営むこともできなかっただろう。この双方向に展開する関係性が、モースにとって、人や社会を理解するための糸口となるのである。

このとき人は、知性の本質や、動物との本性上の差異を定義することによってではなく、むしろ、技術との関係にまきこまれた具体的な生のあり方として理解されている。技術は、ただ便利な道具であるとか、身体機能を拡張させる人工物というだけではない。また、人は、技術を作ることができる優れた知性を本来的に備えているから人なのだというわけでもない。技術を手にすることで「ヒト」から「人」になったのであり、人と技術は、何重にも折り重なった相互的因果の連鎖のなかでしかとらえることができない存在なのである。

この相互性は、尖頭器や斧といった素朴な技術だけでなく、文字や地図といった、より複雑な技術、そして技術の複合体としての機械やシステムについても、同様に考えることができる。人と技術のあいだに一方向の関係性しか想定できなければ、自然や不自然についての私たちの思考ははるかに限られたものになってしまうだろう。

冒頭でふれたように、色眼鏡でものをみていることに気がつかないくらいに世界が自然に感じられてしまうとき、技術と自然はもはや区別することができなくなる。目覚まし時計の音で目を覚まし、電車に乗って通学し、パソコンを開いて課題のレポートを書くといった、そうした日常にも高度な技術は潜んでいるのだが、この明らかに人工的な生活環境を、私たちは日常的に不自然なものと感じてはいない。大雪で電車が止まってしまうようなときに初めてその便利さに気づくというくらいに、技術は日常の一部となっている。このとき私たちは、技術的な世界でこそ本来の生活をまっとうしているのだと考え、このあたりまえの世界を成り立たせている条件について考えようとしていない。

他方で、人や社会は技術によって条件づけられているのだと強調しすぎることにも問題がある。たとえば、遺伝子操作によって新しい生命を誕生させることは、現代の技術水準ですでに実現可能である。それにもかかわらず、人の体細胞からクローンを誕生させようという実験が固く禁止されているのはなぜだろうか。人や社会は、無際限に技術によって変えられているわけではないのだ。このとき私たちは、「人の本性」を、技術とは別の位相で考えていることになる。

技術によって人の生活が成り立っており、同時に、人の生活のなかからその必要に応じて技術が作り出されている。この相互的因果を考えることは、人と世界のかかわりを考えることにほかならない。

環世界と社会の進化

相互的因果を特徴とする技術の世界と、そこでの人のあり方を考えるために、「環世界」という概念を導入することにしよう。環世界とは、個人の外部に想定される自然環境のことではなく、むしろ、生活環境というように、人が作り出した人工物を含む意味で用いられる術語である。それは、身体とは別に存在している世界のことではなく、身体の延長上に、身体と互いにかかわりあって現れる世界を指す。世界の成り立ちをこのようにとらえると、私たちが、身体と技術をとおして世界と結びついていることが想像しやすくなる。

『生物から見た世界』（原著初版一九三四年）において、ドイツの生物学者ヤーコプ・フォン・ユクスキュルは、さまざまな生物の環世界をとりあげている。一例として、マダニの世界を覗いてみよう。マダニは、眼も耳もなく、味覚もない生物である。にもかかわらず、表皮にある光覚を頼りに低木を登り、嗅覚によって哺乳類の酪酸をかぎわけて温血動物が近づいてきたことを知覚できる。そしてこの知覚を頼りに、低木の上から適当なタイミングで温血動物の上に落下し、その動物の血液を体内に取りこむことで生き延びている。マダニの世界では、酪酸の匂いこそが、低木から落下するタイミングを知らせる合図なのだ。

酪酸は私たちのまわりにも存在する、世界の構成要素である。しかし、人は誰もそれを行動開始の合図として知覚してはいない。同じ世界の構成要素であっても、人の環世界において酪酸がもつ役割と、マダニの環世界においてそれがもつ役割はまったく異なっている。私たちは、マダニの環世界を言語によって再構成し、想像することができたとしても、そうした環世界をじっさいに生きてはいないし、また生きることもできない。

環世界という概念によって明らかになるのは、誰も「自然そのもの」や「世界そのもの」を知覚してなどいないということである。人にとっての世界とは、人が知覚することができ、また人に作用することができる世界のことである（⇩1「自然と知識」）。私たちは、みずからの身体と技術をとおしてなんらかの関係性をつくりだせる世界を生きることしかできない。

では、その身体はどこからきたのだろうか。進化論の観点からは、たとえば、それぞれの生物の眼が異なった形状をしているのは、それぞれの種が異なる生息環境において必要を満たすように、長い時間をかけて環境との相互作用のなかで視覚を進化させてきた結果だと説明される。人の眼もまた、進化の過程でつくりだされた特殊な身体機能である。異なる環境、異なる身体を生きるハエは、当然、人とは異なる眼で世界と向きあっている。

こうした理解は、身体と環境のあいだの相互的因果のなかで眼がつくりだされ、それをとおして環世界が成立しているという見立てを可能にする。もし「世界そのもの」があるとしたら、それは、さまざまな生物の身体が、それぞれの仕方でかかわりをもつことのできる場の全体として想像する以外にないだろう。それは、ひとつの技術や機能が発明されるたびにあらたにかかわりが生みだされ、そのつどひらかれていくような、しかしそれ自体を知覚することはできない、潜在的な場ということになる。

身体と環境の連関から世界をとらえる環世界論は、生物の世界からひきだされた概念である。そして、この概念を人の世界にまで拡張しようとするときに避けてとおれないのが、技術の問題なのだ。なぜなら、人は、技術を用いて環境に対峙してきただけでなく、環境そのものを技術によってつくりだしてきた生きものだからである。人は、その最初期からすでに、技術的環世界を生きてきたのだ。

このように、技術と環境のかかわりから人をとらえ、それを人類進化の歴史のなかに位置づけることで技術論にあらたな展開をもたらしたのが、フランスの人類学者・先史学者アンドレ・ルロワ=グーランである。ルロワ=グーランは、技術を身体の外側に作り出すことで人が新しい環境に適応できるようになり、そこからさらにあらたな技術、そして身体や社会までもが進化していったことを、考古学的・先史学的資料にもとづいて論じている [Leroi-Gourhan 1943, 1945]。人は、二足歩行を始め、解放された手で道具を作り、作り出した道具の組みあわせが可能にする環境で新しい生活を成り立たせてきた。人になるということ、そして人が社会をつくるようになるということは、頭蓋骨の形状といった身体構成の変化をともないながら、技術の進化と同時に進行する [ルロワ=グーラン 二〇一二]。相互的因果の歴史は、ここでは連続的な共進化のプロセスとして再提示されている。

科学技術がつくりだす世界

モースやルロワ=グーランの技術論は、複雑化した現代の技術を考えるうえでどんな意義をもつだろうか。たとえば、二〇世紀を代表する科学技術のひとつに自動車がある。自動車は、人間が一生のうちに移動できる距離を大幅に拡張した新しい移動手段であった。だがそれは、便利な移動の道具という以上に、物流のしくみを変え、新しい市場を生みだし、都市の形態や景観を変え、事故や公害をひきおこし、働き方から時間の観念に至るまで、現代社会の生活に広範な影響を及ぼしている［アーリ 二〇一五］。私たちの生活が、こうした科学技術の発展と普及のうえに成り立っていることは疑いない。だとすれば、現代人を理解するためには、私たちが直面している環世界の変化に目を向けないわけにはいかないだろう。現代の人類学は、こうした関心に導かれて、あらたな技術論を展開している。

微生物の発見が、科学史の一大事件であったことはよく知られている。それまで説明のつかなかった病気の原因が解明され、ワクチンの開発によって多くの人命が救われただけでなく、公衆衛生をはじめとする新しい社会政策の場を準備することにもなった。科学技術社会論や人類学の分野で活躍するフランスの研究者ブルーノ・ラトゥール（⇒コラム2）は、微生物の発見にかかわった当時の科学者と彼らをとりまく社会の諸実践を丹念に追うことで、科学的事実の発見において自然と社会が果たす役割を再考している［Latour 2011, ラトゥール 二〇〇七］。

ラトゥールが明らかにしたのは、科学的事実とは、決して世界そのものの現れや、世界に存在する諸要素の結び直しではないということである。科学者は、微生物の発見を事実として成り立たせるために、実験環境の整備から政治的駆け引きに至るまで、さまざまな社会的実践を必要とする。たとえば、微生物は、成功した実験において初めて養分を吸収し、それ自身が成長するひとつの存在者として実験室で姿を現すことになる。それは、適切な働きかけや条件設定がなければ姿を現すことのない世界でもある。こうした実験の過程では、微生物がたしかな存在者として人の眼の前に現れるのと同時に、その仕掛け人であるパストゥールが有力な科学者として社会的な発言力を強め、その影響力が拡大していくという、相互的因果の強化がみられる［ラトゥール 二〇〇七］。それゆえ、微生物の存在は、自然の側にも社会の側にも還元されることはない。むしろ、「近代人」たる私たちにとっての自然や社会は、微生物の発見という出来事をとおして形づくられていることになる。

ラトゥールの研究は、近代社会の人類学的研究をとおした、ひとつの近代批判となっている。なぜなら、政治、宗教、経済、そして自然を社会から切り離すことは、長らく近代的な学問の前提とされてきたからだ。社会に独自の領域を認め、独自の方法論を確立することこそが、近代社会学の成立であった。これに対して、近代社会を対象とした人類学が見いだしたのは、社会とは、じっさいには人間と非人間をさまざまに関係づける実践の連鎖のなかでしかとらえられないネットワーク状の構成体だということだ（⇒3「呪術と科学」）。自然と社会は、互いに独立した二つの領域ではないことになる［ラトゥール 二〇〇八］。

身体もまた、科学技術の進歩と普及のなかで、大きな変化にさらされている。病院という特殊な環世界に目を向けてみると、そこではときに相互理解が困難なほどに多様な身体が現れていることがわかる。顕微鏡をとおして医者がみている患部と、痛みのただなかで患者が感じる身体とでは、知覚されているものがまったく異なっている。ワクチン接種のリスクがパーセンテージで示されるとき、そこでは患者自身の身体ではなく「統計学的に構成された身体」が問題となっている。これらの身体は、決して互いに無関係ではないし、バラバラに存在しているわけではない。むしろ、身体にかかわるさまざまな知がネットワーク状の広がりをもつことで、医療環境が成り立っていると考えられる。

このとき、「身体そのもの」を理解するのとは異なるアプローチが必要となる。人を含む生物が、「世界そのもの」を生きているわけでないという環世界論を思い起こしておこう。病院のなかでの医者と患者のように、個別の技術、環境、実践をとおして知覚される身体は、たしかに複数ある。しかしそれらは、身体そのものではないし、身体のすべてでもない。身体は「一より多い――しかし、多よりは少ない」〔モル 二〇一六〕ということだ。つまり、身体は「ひとつの」世界にとどまるものではないが、とはいえ、あらゆる可能性の総体としても、潜在的な場の全体という意味での「身体そのもの（＝世界そのもの）」としても決して経験されていない。私たちの世界や、一人ひとりの生が、それぞれの生きる環境によって多様であるということは、こうした意味で理解する必要がある。

政治についてはどうだろうか。科学技術の人類学においてとらえられた政治は、やはり相互的因果のプロセスに満ちている。チェルノブイリ原発事故後のウクライナの社会復興を描いた民族誌を例にとってみよう〔ペトリーナ 二〇一六〕。そこでは、たとえば放射線被害に対する社会保障のしくみが、まさに放射線を測るという科学的、そしてときに政治的な行為によって可能になっていることが描かれている。社会保障を受ける権利は、みずからの身体がどのような状態にあるかを科学的に説明できることで初めて正当化される。生物学的な知によって条件づけられたこうした権利は、生物学的市民権と呼ばれる。

それは、科学技術が特異なかたちで浸透した社会にみられる、新しい権利である。

現代の人類学的な技術論は、科学技術の実践に目を向けながら、自然、社会、身体、政治といった、人の環世界を説明するさまざまな基本的概念の問い直しをしている。人間性は、自然や社会をまきこんだ政治的な問題なのだ。もちろんそれは、技術の規制の仕方が問題であるといった狭い意味ではなく、政治のあり方そのものが、生のとらえ方によって方向づけられているという意味においてである［ローズ 二〇一四］。


この章では、人と技術のかかわりをめぐる人類学の研究をとおして、技術についての相反する理解――人間が作り出した便利な人工物であり、かつ人間に対する脅威でもある――に、一貫した見通しを与えることを試みた。有史以来、技術的な環境こそが人にとっての生きる環境であった。そして、現代に至るまで技術は、その特異な構成において、私たちの環世界をあらたに生みだし、また人間性の再定義に関与しつづけている。

もっとも、現代における技術の問題は、それほど悠長な話ではなくなっていることもまた事実である。生命の改変は言うまでもなく、いまでは雲や雨といった「自然現象」ですら、気象工学の操作対象となっている。気候変動や核兵器の使用に関しては、私たちの生きる世界そのものが完全に破壊されてしまう可能性までもが取り沙汰されている。変化を続ける私たちの環世界が、人が生きる世界としてこの先も維持可能かどうかが、真剣に問われている［ボヌイユ＆フレソズ 二〇一八］。

現代のホモ・ファベルは、ただ道具を作り出しているのではなく、みずからの生きる環世界そのものを次々につくり変え、そしてみずからをつくりあげてきた。その行き着く先にみずからの生命の危機があるのだとすれば、私たちは、ベルクソンが記した「(道具の)製作行為を無際限に変化させる能力」を、みずからの手でうまく飼いならしていかなければならないのだろう。そこに困難があるとすれば、何よりそれは、そうした英知が、「人の本性」からひきだされるものではなく、技術がもたらす相互的因果のただなかで、変化しつづけるこの世界において見いださなければならないものだということにある。

スマホを手放すことであなたが不安を感じるのだとしたら、それは、スマホがあなたの日常を構成する環世界の一部となり、あなた自身の生を規定しはじめているということだ。つまり、あなたの身体は、スマホをつうじて変容しはじめていることになる。スマホが身体を変容させるなんて大げさな、と思うだろうか。けれども、この章をここまで読み進めてくれれば、それが、身体どころか社会を、さらには人と世界のかかわりそのものを変容させる確かな契機となっていることが理解してもらえるのではないだろうか。

(山崎吾郎)

コラム 2

ブルーノ・ラトゥール　STSと人類学

文化人類学の手法を用いた研究を近代社会において行おうとする潮流が、1970 年代後半以降、さかんになっている。その先駆けとなったのが、ブルーノ・ラトゥールとスティーヴ・ウールガーが 1979 年に発表した『実験室の生活』[Latour & Woolger 1979] である。

著者たちは、カリフォルニアのソーク研究所にある生理学者ロジェ・ギルマン（脳のペプチドホルモン産生に関する発見により 1977 年にノーベル生理学・医学賞を受賞）の実験室に入り込み、研究に従事する科学者たちをいわば「見なれぬ部族」にみたてた人類学的研究を行った。そして、科学者たちの必ずしも整然と秩序だっているわけではない日々の実践から、真理の代名詞ともいうべき科学知識が生みだされていく様子を、民族誌的な手法を用いて描きだした。

同書ははじめ、科学的事実を相対化する社会構成主義的な議論とみなされ、「サイエンス・ウォーズ」と呼ばれる一連の論争において厳しい批判の対象となった。しかし、ラトゥールはみずからの議論を、科学を社会の側から説明しようとする社会構成主義とは明確に区別し、『虚構の「近代」』[ラトゥール　2008] において、自然と社会が同時に生みだされるプロセスをたどりなおす、対称性アプローチを打ち出した。

科学実践の研究からはじまったラトゥールの関心は、後にアクター・ネットワーク論と呼ばれる方法論に結実し、科学研究にとどまらない広がりをみせている。たとえば、フランスの行政最高裁判所の民族誌 [ラトゥール　2017] を手がける際にも、同様の手法が採られているほか、市場の研究や歴史研究などにもその影響をみてとることができる。

日本では 2000 年代以降、科学技術社会論（STS）と呼ばれる学際領域が生みだされており、科学的な実践と社会のかかわりをとらえなおすなかで、文化人類学と隣接する諸分野との交流が活発化している。

3　呪術と科学――私たちは世界といかにかかわっているのか

誤った科学

現代社会において「科学的」であることは、知識や技術が信頼に足るものであることのもっとも重要な条件とされている。このため、「○○は非科学的だ」ということばは、その知識や技術の妥当性を否定するものとして用いられる。これに対して、人類学ではむしろ「なぜ人びとは非科学的とされる営みをなしているのか?」が問われてきた。とりわけ多くの人類学者が注目してきたのが「呪術」と呼ばれる営みである。呪術と言われてもピンとこないだろう。たとえば、世界中のさまざまな慣習を人類の進化という観点から統一的に理解しようとする進化主義人類学を推進したジェームズ・フレイザーは、『金枝篇』（原著初版一八九〇年）において、呪術的な慣習を次のように列挙している。

例1　北米先住民のオジブウェイの人びとが誰かに危害を加えようとする際には、狙う人物を表す小さな木像を作り、頭部または心臓部に針を打ち込んだり矢を射込んだりする。こうすると、狙いをつけた人物はまったく同時に、針の刺された箇所や矢の当たったところに相当する肉体の部分に、たちまち激痛を起こすと信じられている。

例2　南スラブ人の乙女は、自分の好きな若者のつけた足跡の土を掘り取って、それを花鉢の中に入れる。その鉢に決してしぼむことがないという金盞花《キンセンカ》を植える。すると草花が成長して金色の花を開き、その花が決してしぼまないのと同じように恋人の愛もまた成長して花を開き、愛は決してしぼむことがない。

いずれの例も、科学が解明するような客観的な事実ではなく、人びとが好き勝手に「信じている」世界のあり方を示しているように思えるだろう。ただし、さまざまな現象に原因と結果の連なりを見つけだそうとするという点では、間違ってはいるが科学的な思考の萌芽のように見えるかもしれない。一九世紀の進化主義人類学者もまた、そのように考えた。『原始文化』（原著初版一八七一年）においてエドワード・B・タイラーは、呪術を、対象間の偶然の結びつきを心的な観念の連合にもとづいて因果関係と取り違える営為としてとらえている。タイラーの議論を踏まえながら、フレイザーは『金枝篇』において、呪術は誤った理解にもとづいて自然に働きかける「発育不全の技術」であると論じた。呪術は、たんに誤った科学であるだけではない。人類進化の歴史において近代科学の前段階を占める原始的な科学技術とされたわけだ。

さらにフレイザーは、観念連合のあり方から呪術を二つの類型に分類した。第一に、類似の原理による連合（AとBは似ている⇒Aに働きかけるとBにも／からも作用が伝わる）にもとづく「類感呪術」であり、第二に接触の原理による連合（AとBは結びついている⇒Aに働きかけるとBにも／からも作用が伝わる）にもとづく「感染呪術」である。例1は類感呪術に、例2は感染呪術に対応している。例2の後半に類似の原理が含まれている（草花／愛が成長する）ように、多くの具体例において両者は混ざりあっている。

だが、こうした非科学的に見える営みは、私たちの日常生活にも簡単に見いだすことができる。『金枝篇』の語り口を真似て、二つの例を挙げてみよう。

例3　現代の日本では「コラーゲンを摂るとお肌がプルプルになる」と信じられている。コラーゲンを含む食材としておもに言及されるのは、手羽先、フカヒレ、豚足など、表皮の食感がプルプルしている食材であり、コラーゲン入りの美容製品にもしばしばゼラチンなどを用いてプルプルした食感が加えられている。

例4　日本では、思春期を迎えた少女は、自分の衣服が父親の下着と同じ洗濯機に入れられることを拒否する。下着に付着した父親の汚れが、洗濯をつうじて自分の衣服に付着すると信じられているからである。

例3は類似にもとづく類感呪術、例4は接触にもとづく感染呪術だ。ふだんから合理的で科学的な思考が大事だとわかっているはずの私たちもまた、観念の連合を因果関係と取り違える呪術的思考にとらわれている、困ったものだ。そう思うかもしれない。だが、こうした例を考えると、進化主義人類学のように呪術を劣った科学としてみなすことは適切なのかという疑問も生まれる。「お父さんのパンツと一緒に洗濯しないで！」と叫ぶ少女に、母親が具体的な実験データを示しながら「洗濯機による洗浄において汚れが伝播することを示す科学的根拠はありません」と反論しても、「そういうことじゃない！」と返されるだけだろう。

社会をつなぎなおす

呪術には科学技術とは異なる効用があるのかもしれない。そのような発想を練り上げていったのが、二〇世紀前半の機能主義人類学者たちだった。

マリノフスキーは、『西太平洋の遠洋航海者』（原著初版一九二二年）において、呪術の機能主義的な分析を提示している。彼が調査したトロブリアンド諸島に暮らす人びとは、カヌーの制作や耕作においては経験にもとづいた合理的な知識と技法を用いるが、それらの実践にはしばしば呪術がともなう。マリノフスキーは、危険の少ない珊瑚礁で行われる漁には呪術が用いられないのに対して危険で不確実な外海での漁では呪術的儀礼が発達している、といった観察にもとづき、技術によって自然を支配できなくなる時点で心理的な安心や希望を得るために呪術が用いられると論じた。呪術は、心理的な機能をもつことによって実用的な実践と共存している。彼の議論は、客観と主観を対置する発想に慣れた私たちにとっても理解しやすい。コラーゲンを摂るという行為もまた、歳を重ね次第に変化していく肌の状態にともなう心理的な困惑や不安に対して安心や希望を得るという機能をもつ呪術として説明できるだろう。

個人単位の心理的機能を重視したマリノフスキーの機能主義呪術論に対して、アルフレッド・R・ラドクリフ=ブラウンらが推進した構造機能主義においては、より広範な社会的文脈において呪術がとらえられていく。構造機能主義は、個々の現象や制度をそれらが社会全体において果たす機能においてとらえるデュルケームの社会学的発想を人類学に導入した。そのうえで、社会を支える諸機能（生業、技術、経済、親族、政治、宗教など）を詳細に記述したうえで、それらがいかに関係しあいながら社会全体の統合に寄与しているかを分析する方法論を確立した。そこでしばしばとりあげられたのは、例1のような、超自然的な力によって他者に危害を加える呪術的行為としての「妖術」である。

妖術は、銃殺などの実用的な殺人行為にともなうものではなく、合理的な手段で制御しきれない実践に心理的効果を付加するというマリノフスキー流の説明は適用しにくい。これに対して構造機能主義では、社会の統合に寄与する機能という観点から妖術がとらえられる。たとえば、近隣の人びとや近親間での関係の悪化が妖術の結果としてとらえられることで社会的緊張が可視化され、貧者に資産を分け与えない貪欲な富者や規範から逸脱した人間が妖術師として告発されることで社会規範が維持される。こうして、妖術をつうじて人びとの社会的な関係がつなぎなおされていく。「お父さんのパンツと一緒に洗濯しないで！」という叫びもまた、洗濯によって汚れが伝播するという非科学的な因果関係を信じて発せられているのではなく、家族というミクロな社会関係において父と娘のあいだに生じた緊張を明るみにだし、より距離のとれた関係につくりかえる機能をもつと説明できる。

秩序をつくる

しかし、機能主義的な説明にも限界はある。プルプルのコラーゲン入り食材を摂取すれば心理的な安心は得られるかもしれないが、効果が科学的に実証されている美容製品を使うほうがより安心ではないだろうか。思春期のころ父親（あるいは母親）の下着と一緒に自分の服を洗濯されたくないと感じたのは、それを拒否することが親子関係をつくりなおす効果をもつからかもしれないが、「もう子どもじゃないんだから、距離とって！」と言えばすんだ話ではないか。つまり、呪術の妥当性を科学とは異なる心理的・社会的機能によって説明する機能主義的分析では、類似した効果をもつ他の合理的手法をとればよいのになぜわざわざ呪術がなされるのか、という疑問に答えることが難しいのである。

これに対して、呪術それ自体を支える思考の様式に注目したのがレヴィ＝ストロースが提唱した構造主義人類学である。レヴィ＝ストロースは『野生の思考』（原著初版一九六二年）において、呪術や神話に見られる思考様式を、新石器時代以来の人類文明の基層をなす「野生の思考」としてとらえなおした。近代科学の根幹には、人びとが経験的に感覚する匂いや味といった対象の特徴（二次性質）ではなく、形態や運動や個数といった数学的にとらえられる対象の特徴（一次性質）を重視し、前者ではなく後者によって現実の世界のあり方が適切にとらえられるという発想がある。これに対して野生の思考は、人びとの感覚的な経験から世界に一定の秩序を付与することを重視する。数学的構造から科学的発見や技術開発という出来事を生みだす科学的思考に対して、野生の思考は、感覚的経験をともなう出来事から世界を認識する構造を生みだす。たとえば、「キツツキの嘴《くちばし》にふれれば歯痛がなおる」という呪術的実践において問題なのは治療の実効性ではなく、キツツキの嘴と人間の歯をひとつに括ることで世界に秩序を導入することなのである。

科学もまた、因果の解明をつうじて世界に秩序を与えているともいえるだろう。だが、科学がいくつかの水準を区別したうえでそのうちの若干に限って因果性を認めるのに対して、呪術は、因果を包括的にとらえ、それを「演技する」ことによって現実のなかに人間性を入り込ませる。人間（主体）と自然（客体）を明確に区別するのではなく、両者のふるまいを連続的に結びつけるのだ（⇩1「自然と知識」）。たとえば雨乞いの儀礼を、自然を操作する行為としてとらえれば「発育不全の技術」のように見えてくる。だが、雨乞い儀礼の主眼は、儀礼に参加する人びとの集合的な営為と降雨という自然現象を連続的に結びつけ、季節の移り変わりとともに耕作し収穫していくといった周期的な秩序をうちたてることにあり、そのために「雨乞い⇒降雨」という因果関係が演じられるのだ、と考えることもできる。

私たちもまた、「てるてる坊主を作ると翌日は晴れる」と信じているから「てるてる坊主」を作ったわけではないだろう。「てるてる坊主⇒快晴」という因果関係を演じることで、翌日の快晴には、「てるてる坊主を作るほど待ち望んだイベントが開催される」という人間的な意味が入り込む（「雨男」や「晴れ女」にも同じことがいえる）。自分の服を親の下着と一緒に洗濯されることを拒むのは、洗濯機や衣服という事物のなかに親と自分の距離感を刻印することであり、それはたんに「もう子どもじゃないんだから！」と叫ぶのとは異なる仕方で、家庭という場にあらたな秩序を生みだす試みなのである。

ネットワークをつくる

前節でみたように、レヴィ＝ストロースは、呪術や神話に見られる「野生の思考」が新石器時代以来の人類文明の基層をなす思考様式だと論じた。科学的思考もまた、その基層から発生したひとつの特殊な思考様式としてとらえられる。だが、彼の議論は科学的思考と野生の思考を対比的にとらえるものでもある。現に、呪術が因果の「演技」であるという表現は、科学的思考は因果を演じるのではなく正確にとらえるものだ、という常識的な理解を呼び寄せやすい。なぜ基層にあるはずの野生の思考からそれと対立するように見える科学的思考が生じたのか、両者はどういう関係にあるのか、という疑問は残る。

これに対して、「アクター・ネットワーク論」と呼ばれる、科学技術を中心とする近代社会の人類学を推進してきたブルーノ・ラトゥールは、『科学が作られているとき』（原著初版一九八七年）において、科学的思考と野生の思考を対立的にとらえるような見方を解除する議論を展開している（⇩２「技術と環境」）。彼は次のような例を挙げる。

例５　「一日一個のりんごは医者を遠ざける」と、母親は言いながら赤いりんごを息子に手渡した。

息子は自信に満ちた調子でこう答えた。「ママ、国立衛生研究所の三つの研究では、全世代にわたる四五八人のアメリカ人の事例において、医者に来てもらう回数に有意な減少はないことが示された。だから、このりんごは食べないよ」

ここでは、例4に対する母親の科学的反論と同じように、ちぐはぐな会話がなされている。だが、ラトゥールはこの二つの発言が異なる思考方法や精神によって生じているとは考えない。この会話をちぐはぐなものにしているのは、思考方法の違いではなく、どのような要素がいかに結びつけられているかという関係性の違いなのである。

ラトゥールは母親の発言を「より柔らかい事実」、息子の発言を「より固い事実」に対応するものとして位置づける。前者において、発言は多くの人びとによって変換されながら伝わるがその変換は問題にされず（「医者を遠ざける」の含意はさまざまに異なりうるが差異は気にされない）、誰が最初の発言者かも特定されないまま伝わっていく。一方、後者において、発言は変換されることなく伝わり、もとの発言者が確定され（国立衛生研究所）、過去の主張（既存の実験結果）と比較され、両者の差異は統一された基準に従って測定される。

「より固い事実」は、より多くの「アクター」（人間に限定されない、差異を生みだす行為者）を動員する。この例では、国立衛生研究所の研究に従事した人びと、事例として選ばれた四五八人のアメリカ人、彼らが摂取した膨大な食材とそのデータ、彼らを訪問する医者たちといったアクターを緊密に結びつけ、ひとつの変換されえない事実（「有意な減少はない」）を生みだすような配置が整えられている。

科学的事実は、より長いネットワークによって支えられ、そこにより短いネットワークに支えられた柔らかい事実が入り込むと「疑似科学」や「非合理」や「呪術」といったレッテルを貼って排除しようとする動きが生じる。だが、両者は異なる思考法や異なる社会的機能にもとづく完全に別種類の事実ではない。むしろ、私たちはさまざまなアクターと結びつきながら「より短いネットワーク」と「より長いネットワーク」に連なり、両者の連続的な差異が非連続的な区分に見えるような状況を日々せっせと生みだしている。だからこそ、例5のような会話は通常なされないし、「てるてる坊主⇒快晴」という因果関係の科学的根拠が問われることもない。

だが、両者はつねに容易に区別できるわけではない。たとえば、例3のようなコラーゲンの経口摂取が健康に良いという言説に対して、ある大学の研究所が運営している疑似科学とされるものの科学性を評定することを目的としたウェブサイトでは、「理論の論理性」、「理論の普遍性」、「データの客観性」、「理論によるデータ予測性」において低い評価を下し、最終的に「疑似科学~未科学」という総評を与えている。つまり、明らかに科学的な知識とはされないものの、完全に非科学的な知識ともされず、「未科学」という表記によっていずれ科学的に妥当となる可能性も担保されている。コラーゲン言説をめぐるネットワークには、実効性を科学的に検証しようとする研究者や、研究を支援するコラーゲン製品関連企業も含まれる。コラーゲンは純然たる文化的／経済的要素でもなければ純然たる科学的要素でもない。それは、異なる領域に属するアクターを結びつけるネットワークを駆動しながら、「固い事実」

よりは柔らかく、「柔らかい事実」よりは固い事実を生みだしている。

以上で見てきた人類学的呪術論の軌跡において、呪術と科学はさまざまに異なる仕方で関係づけられてきた。進化主義は、呪術を観念連合にもとづく未熟な科学的実践とみなす。機能主義や構造機能主義では、心理的安心や社会統合への寄与という科学とは異なる有効性を呪術に認める。構造主義では、科学的思考よりも包括的に因果性をとらえうる野生の思考の現れとして呪術がとらえられる。アクター・ネットワーク論では、科学的実践も呪術的実践も、原理的な違いのないネットワーク形成の運動として把握される（⇩コラム2）。呪術などの非合理的に見える実践を科学的実践と対称的にとらえるラトゥールの議論は、たんにネットワークの長短というだけではない仕方で両者をとらえられないかという批判的視角をともないながら、「存在論的転回」と呼ばれる近年の人類学的潮流において発展的に継承されている（⇩4「現実と異世界」）。私たちに身近な例で示してきたように、いずれの議論も一定の有効性をもっているが、人類学的呪術論の軌跡において呪術と科学という二項対立が次第にゆれ動いてきたことは確かである。

呪術概念をめぐる思想の軌跡（⇩コラム3）において、呪術はつねに、この世界に対する適切な認識と行為のやり方ではない、はずのものとして把握されてきた。だが、それは同時に、「そうではないはずのもの（呪術）」との関係をつうじて「そうであるはずのもの（科学）」がさまざまに形成されてきた歴史でもある。コラーゲン言説の広まりが示しているように、現代の私たちもまた呪術と無縁なわけではない。

私たちと「そうではないはずのもの」との関係をとらえなおすことは、「そうであるはずのもの」を問いなおし、私たちにとって自明な現実を、「そうであるかもしれないもの」（⇒4「現実と異世界」）と結びつけながら、あらたに組み替えていくことにつながっているのである。

（久保明教）

コラム3

スタンレー・タンバイア　呪術・科学・宗教

スタンレー・タンバイアは、『呪術・科学・宗教』（原著初版1990年）において、西洋思想史における「呪術」概念の起源を、2つの知的遺産に見いだしている。第1に、ユダヤ／キリスト教の源となった古代イスラエルの宗教であり、第2に近代科学の源とされる古代ギリシア医学である。前者において、神は世界を創造した至高の存在であり、聖なる偶像を崇拝して恩恵を得ようとすることは、異教的な「呪術」として非難された。後者では、自然の法則性にもとづく病気の説明が台頭し、病いを神のたたりによるものだとする「呪術的」な観念が批判された。ただし、聖なる力の実効性は否定されず、その力を恣意的に利用することが偽りの信仰として非難された。呪術と科学が対置されるにせよ、神の実在はすべての前提となっていたのである。

対して、16～17世紀の宗教改革は、教会や免罪によって神と人間を結びつけるカトリックの発想を批判し、何者にも左右されない神の全能性を強調した。神が設計した世界のあり方は自然の法則というかたちで人間が調べうるものとなり、科学によって自然を解明する試みにおいて実在する神は次第に不要となっていく。デカルトの機械論哲学やカントの批判哲学をつうじて、世界を適切に認識できることの最終的な根拠は実在する神から人間の理性へと移動する。神は個人の内面的な信念の対象へと格下げされ、内面的な信念を誤って現実に適用する営為として呪術がとらえなおされていく。

実在する神が前提となる世界から人間の理性が前提となる世界への移行にともなって、呪術は「偽りの信仰」から「偽りの科学」へと変化してきた。呪術とは、有限の経験しかもたない私たちが、有限を超えた無限とのかかわりにおいてみずからの生を位置づけようとするときに、「そうではないはずのもの」として対象化されるものに与えられる名前なのである。

4 現実と異世界――「かもしれない」領域のフィールドワーク

「想定の範囲内の差異」の向こう側

最近、あちこちの大学や企業で「国際化」や「グローバル化」がしきりに喧伝されている。たとえば、「グローバル・リーダーの育成に向けた○○大学の挑戦」、「異文化理解をとおしたグローバル・コミュニケーションの促進」といった具合に。グローバルに活躍する人材になるためには、異文化を理解して他者と円滑にコミュニケーションするスキルを身につけなくてはならない。そのための効果的なプログラムを提供します、というわけだ。

だが、ちょっと考えてみよう。そもそもこうした謳《うた》い文句にある「異文化」や「他者」、そして「理解」とは、何を意味しているのだろうか。そこで想定されている差異や他者性とは、何なのだろうか。すぐに想像されるのは、まず、話されている言語の違い。また、食べものや衣服といったもので表される生活習慣の違い。そして、ものごとに対する価値観の違いなどだろう。だが、これらのことはたいてい、私たちが自分の日常的なことばや論理で語りあえる事柄でもある。言ってみれば、ある意味で想定の範囲内の「差異」や「他者性」だ。

さて、その一方で、人類学者は調査地で、自分にとっての常識的なことばや持ち前の論理で説明することが難しいようなものごとにも出会ってきた。人類学者にとって、それがそもそも「ほんとうにありうるのかどうか？」が疑われるような事柄が、フィールドの人びとにとって重要な意味をもっていることがある。それはたとえば、妖術や呪術、精霊憑依と呼ばれるような現象だ。一般に、妖術は人に危害を及ぼすような霊的な力を指し、呪術は超自然的な手段を用いて種々の現象を引き起こそうとする行為を意味する。また精霊憑依は、霊的なものが人にのりうつる現象であるとされてきた。こうしたものごとや、それらをめぐる人びとの語りや経験を、私たちはどのように「理解する」ことができるのだろうか。実のところ、妖術や呪術、精霊憑依は人類学の重要なテーマでありつづけてきたし、この問いもまた、完全な答えのないままに問われつづけている。

妖術や精霊といったものを私たちはどのように理解できるのか、という問いは、「近代的な合理性の外側にあるようにみえるもの」を、近代人はどのように理解できるのか、というふうに言い換えることもできる。この問いに対して、人類学はこれまでにいくつかの理解の仕方を編みだしてきた。なかでも、妖術や精霊は当の社会において、社会統合に役立ったり、社会的な緊張を和らげたり、あるいは社会変化に対する人びとの不安や葛藤を表現するといった機能を果たしているのだという理解の仕方が主流のひとつを占めてきた［e. g. Lewis 1966; Beattie 1969］（⇒3「呪術と科学」）。こうした説明では、当の妖術や精霊がほんとうに存在するのかどうか、という問題に踏み込むことなしに、社会におけるそれらの意味や役割を説明することができる。妖術や精霊がじっさいにはありえない現象だとしても、社会における有用さのために想像上の存在が生みだされ、信じられつづけているというわけだ。

でも、こうした機能主義的な説明によって、私たちは妖術や精霊といったものを「理解する」ことができたのだろうか？　必ずしもできていない、ともいえる。批判的にみるならば、次のように問いなおすことができるだろう。こうした説明では、妖術や精霊について述べられているようでいて、ある社会のなかでそれらが果たしている機能や、それらが表現しているものといった別の事柄が説明されてしまっている。しかも、そうした意味や機能とは、フィールドの人びとにとって納得できるものというより、その説明を受けとる近代人にとって納得のいく論理にすぎないようにみえる。機能主義的な説明がまったく的外れなわけではないだろうが、人類学者の説明がまっとうに見えれば見えるほど、妖術や精霊の存在は背景に遠ざかってしまうかのようだ。それでいいのだろうか？

認識から存在へ、あるいは実践へ

こうした問題について、二一世紀以降、興味深い議論が登場している。これまでの人類学にあったように、妖術や精霊といったものの意味や機能を近代合理的な論理によって説明してしまう態度を批判して、妖術や精霊そのものに目を向けよう、という議論だ。それは、妖術や精霊を、人びとの世界観や認識のあり方――「彼らはこの世界を、精霊がいるものとして認識している」――という観点から説明しようとするのではなくて、人びとの生きている世界と、そこにおける妖術や精霊の存在そのもの――「彼らはまさに、精霊がいる世界に生きている」――を中心に据えて考えようとする〔e. g. Henare, Holbraad and Wastell 2007; Viveiros de Castro 2014〕。こうした議論は、人類学における認識論から存在論への転換（「存在論的転回」）を主張するものだ。

この議論のユニークな点は、妖術や精霊を、「そんなものはじっさいに存在するわけがない（たとえ社会的な有用性はもっているにせよ）」と決めつける近代合理主義的な人類学者の態度を批判する一方で、そうしたものが「私たち近代人にとってもリアルに存在しうる」という見方からも距離をおく点だ。妖術や精霊は、フィールドの人びとである「彼ら」にとっては実在するものだ。それは認めなくてはならない。でも、だからこそ、私たちはそれを、私たちの理性的なことばで説明したり、あるいは自分にとっても現実的なものでありうると思いこんだりしてはならない。それは、「彼ら」にとっての現実である妖術や精霊を、何か別のもの、「私たち」にとっての現実に変換してしまうことを意味するのだから。

こうした主張は、巷で喧伝されている「他者理解」や「異文化理解」の難しさと限界を自覚的に示しているだけでなく、安易な「理解」のあり方に警鐘を鳴らすものだ。「他者理解」の不可能性のうえに立った、他者のリアリティの尊重だといえるだろう。

ただし、この主張にも問題点がないわけではない。こうした存在論的な主張の前提とされ、その議論によって強化されているのは、「彼ら」と「私たち」との超えようのない差異だ。また、「彼ら」にとって妖術や精霊は存在するのだと言ってしまうとき、「彼ら」にとっての世界なるものが何かしらあることが想定されている。それは私たちによって想定された、私たちには共有することのできない、精霊や妖術込みの「彼らの現実世界」なのだ。だが、こうした想定ははたしてどこまで妥当なのだろうか。ここで私たちは、そもそも自分にとっての「他者」や「異文化」って何？　というはじめの問いにふたたび引き戻される。ただし、人類学的な探究をとおして理解されるべき他者や異文化ではなく、どのような探究をもってしてもわかりえない「他者」や「別の世界」って何？　という問いに。

　一方、こんなふうに「私たち」と「彼ら」の存在論的な差異を強調する考え方に疑問を投げかけている人類学者もいる。たとえば、マダガスカルで調査をしたデヴィッド・グレーバーは、精霊や妖術、呪術といったものは、私たちにとってよくわからないものであるのと同様に、それが「存在する」とされる社会の人びとにとってもよくわからないものなんだ、という［Graeber 2015］。それは実在するのか？実在するとして、どのようなものなのか？　確固たるリアリティとしては、当の社会の人びともとらえることができない。だからときに、疑いを抱く。疑いながら、それでもその「何か」の力に翻弄されたり、それを用いようとしたりする。人びとにとって、妖術や精霊や呪術は所与の存在や信じるべき対象であるというよりも、人びとの行為や関係性のなかで実践的に働き、使われ、忘れさられ、また生みだされるものなのだ。

　グレーバーの考え方は、「人びとはそれを信じている」という信念を基準にした説明からは遠ざかっている。なおかつ、「彼らにとってそれは存在するのだ」という、存在論的な主張とも違う。どちらかというと、人びとにとっての妖術や精霊の役割や社会的な意味に注目した、機能主義的な説明に近いようにみえる。ただし、研究者によって見いだされた抽象的な「機能」を議論の中心に据えるのではなくて、人びとの行為と実践に注目している点が重要だ。ひょっとすると、ここから別の方向に進む道筋がみえてくるかもしれない。たぶん、「彼ら」と「私たち」の区別が少しだけゆらぐような方向が。

「かもしれない」の領域

今から半世紀ほども前、まだ人類学の調査対象となる人びとが「未開人」と呼ばれていたころに、フィールドにおける人類学者の実践と変容について語った人がいる。南スーダン研究者のゴドフリー・リーンハートだ。ＢＢＣのラジオ番組のなかで、彼は次のように語っている。

「私たちが未開人とともに暮らし、彼らの言語を話し、彼らの経験を彼らの仕方で自分自身に表現することを学ぶとき、私たちは自分自身であることをやめることなく、できるかぎり彼らに近い考え方をするようになります。〔中略〕私たちは、自分が彼らとともに学んだ彼らの思考の習慣と、私たち自身の社会のそれとのあいだを仲介するのです。そうしているとき、私たちが探究しているのは結局、何か神秘的な「未開の哲学」なのではなく、私たち自身の思考と言語のさらなる潜在力なのです」[Lienhardt 1967: 96-97]。

リーンハートは、フィールドの人びとと暮らしをともにすることをとおして、それ以前の自分を完全に見失うことなしに、自分にとってそれまでになかった思考がひきだされるという可能性について述べている。ここでリーンハートは、フィールドワークをとおした人類学者の変容について語っているのだが、じつはこうしたことは、人が生きていくなかで多かれ少なかれ、つねに生じていることだとはいえないだろうか。つまり、人類学者が調査地での暮らしや出会いをとおして変わっていくのと同様に、フィールドの人びともまた、日々の出会いと実践をとおして変化していく。彼らもまた、自分と世界の、これまでとは異なるあり方への気づきと可能性にひらかれている。

このように考えるとき、精霊や妖術といった事柄についても、これまでの人類学的な説明とは少し違った見方が可能になる。フィールドの人びとはおそらく、精霊や妖術が所与のものとして存在しているような、別個の「現実世界」を生きているわけではないだろう。かといって人びとは、精霊や妖術の存在を信じこむことで、社会においてそれらの機能がうまく遂行されるような行動を知らぬ間に選択してしまっているわけでもない。精霊や妖術は、人びとの日常に驚きととまどい、恐れや疑いをもたらしながら、隣人とのやりとりや儀礼への参加といったもろもろの実践をとおしてくり返し立ち現れ、人びとの生活に作用を及ぼす。そしてまたそれらは、自分の生きる世界についての人びとの経験を更新し、ふだんとは異なる思考や行為をひきだしていく。フィールドの人びとにとっても、精霊や妖術は驚きと不可解さとまだ見ぬ可能性に満ちた、いわば、「かもしれない」の領域に属するものなのだ。

だとすればそのとき、フィールドに暮らす人類学者が、「彼らの経験を彼らの仕方で自分自身に表現すること」とは、どんなことを意味するのだろうか。それは、精霊や妖術のように、現地の人びとにとっても不可解な事柄について、「そんなものはじっさいには存在しない」、「いや、彼らにとっては存在している」のいずれをとるのでもなく、フィールドの人びとが感じているのに近いような仕方で、「かもしれない」と感じはじめることではないだろうか。もちろん、こんなふうに感じはじめたからといって、調査者がフィールドの人びとに完全に同化できるわけではない。ただ、つねに更新されていく自分と世界との関係性のなかで、少し前の自分との差異にとまどいながら、いくつもの相矛盾する「そんなはずはない」「そうかもしれない」「そうにちがいない」……を抱えて生きているという意味では、人類学者も、フィールドの人びとも、たぶんそう変わらないのだ。

リーンハートの師匠であり、南スーダンのアザンデ社会で調査を行ったE・E・エヴァンズ＝プリチャードは、現地の人びとにとって妖術がきわめて重要な意味をもつことを明らかにした。そんな彼は、著書のなかで、アザンデの人びとが考えるような妖術は「実在しえない」と述べている。その一方、別の箇所で彼は、「私は一度だけ妖術が移動するのを見たことがある」とも述べている［エヴァンズ＝プリチャード　二〇〇一：四一―四二、七五］。

ある夜更け、明るい光が飛んでいくのを目にしたエヴァンズ＝プリチャードは、それをとっさに追いかけたというのである。人びとのあいだで、そうした光は妖術師が犠牲者に送りつける「妖術の魂」だと考えられていることを、彼は知っていた。徹頭徹尾、「妖術なんてありえない」と思っていたならば、なぜ追いかけたのか。エヴァンズ＝プリチャードは、アザンデの人びとと暮らすなかで、彼らの「希望や喜び、無感動や悲しみを共有」するようになった。その経験をとおして彼もまた、アザンデの人びとに近い仕方で、「そうかもしれない」と感じるようになっていたのではないだろうか。「そんなはずはない」「でも、そうかもしれない」。この二重性を、彼のとっさの行動は表しているようにみえる。

異なる自分と世界の可能性へ

エヴァンズ゠プリチャードは、アザンデ社会において妖術が、不運な出来事に対する独特の説明原理となっていることを見いだした。たとえば、ある男が穀物小屋の下敷きになって怪我をしたとする。小屋が倒壊したのは、その支柱が白蟻に喰われていたからだ。だが、なぜ、男が小屋の下にいたまさにそのときに小屋が倒れてきたのか。通常の論理では説明できないこの「なぜ」という問いに対して、妖術は答えを与える。それは、妖術の働きによるものである、と。

このようにエヴァンズ゠プリチャードは、「なぜ特定の時空間において、特定の人に不運な出来事が降りかかったのか」を理解可能にし、人びとに納得を与える説明原理として、アザンデ社会の妖術を理論づけた。先にもふれたように、こうした理論が示されたとしても、それで妖術そのものが理解されたかというと、必ずしもそうとはいえない。彼自身、「妖術は実在しえない」と言いつつ、妖術らしき謎の光を追いかけ、その正体をつかみ損ねているのだ。

だがその一方で、こうもいえるだろう。社会における妖術や精霊の意味や役割を理論的に説明することは、それらの存在を、「人間によってつくりだされた虚構だ」と断じることを意味するものではない。エヴァンズ゠プリチャードの民族誌が示しているように、妖術や精霊の社会的な意味を見事に説明しえたとしても、不条理で不可解な出来事に満ちた日々のなかで人びとがくり返し感じとり、調査者にもそれが伝染してしまうような、「ひょっとしたら……かもしれない」という感覚は、どこまでも説明できないものとして残る。

逆にいえば、妖術や精霊、呪術といった事柄について、人類学者が学術的に把握し、理論化できるのは、たとえばその社会的な意味や働きといったごく限られた側面にすぎない。ただし、そうした理論を支え、その基盤となりうるのは、それ自体は必ずしも理論化できない、「かもしれない」の領域をめぐる人びとのさまざまな実践や感情の機微につきあうこと。そして、人びとの行動を促し、思考の潜在力をひきだし、見えない相手を立ち上げる不可解な「かもしれない」のあり方、その感覚が湧き起こってくるさまを、説得力をもって描くことだ。それは同時に、フィールドの人びとと調査者がそれぞれに抱く、「そんなはずはない」「でも、そうかもしれない」というアンビヴァレントな二重性を描くことでもある。

この二重性を鮮やかに示しているエピソードが、人類学と関係の深い歴史学的な著作のなかに見つかる。歴史家のディペシュ・チャクラバルティは、インドの部族民サンタルによる一九世紀の反乱について考察している。彼は、「私たちは神タークルの命令によって反乱を起こしたのだ」というサンタル族の主張を、「彼らの信仰」として説明しようとする歴史学者の視座を批判する。神タークルはじっさいには存在しないが、サンタル族はそれを信じている。タークルへの信仰は、部族民を蜂起させる役割を果たした――サンタル族の語りと行為をこのように解釈しなおし、近代人にとっても理解可能な「信仰」という枠組みに押しこめるような見方を批判しつつ、チャクラバルティは次のように問う。サンタル族は、私たちも場合によってはそれに基づいて生きることになるかもしれないような原理を、私たちが理解するための手助けを与えてくれているのではないだろうか。そしてまた、次のように述べる。神々や精霊は、人間の信念によって存在しているわけではない。それらを現前させるものは、私たちの実践なのだ、と。

この論考の最後にチャクラバルティが挙げているエピソードは、ちょっと思いがけないものだ。それは、アイルランドの詩人であるウィリアム・イェイツの回想の伝聞である。田舎の村々で民話を採集していたイェイツは、ある老婦人から多くの妖精譚を聴きとる。やがて夕闇が迫り、老婦人の家を辞した彼は、庭の木戸のところでふと振り返り、こう尋ねる。「あなたは妖精を信じているのですか?」。老婦人は頭をそらせて笑い、「いいえ、まさか!」と答える。ややあって、小道をたどり始めたイェイツの背中に、老婦人の声が追いかけてくる。「でも彼らはおりますよ、イェイツさん、おりますとも」［Chakrabarty 2000: 108, 111］。

チャクラバルティの考察は、近代合理性の外側にあるかにみえる事柄について、「それはほんとうは存在しない」と断じるのではなく、「彼らはそうした世界に生きている」と想定するのでもなく、私たちにとっても別な世界との関係性がふとしたきっかけで立ち現れてくる可能性を示唆している。老婦人のなかにあり、おそらくはイェイツのなかにもある二重性は、精霊や妖術といった現象を前にして、フィールドの人びとと調査者のいずれもが抱くアンビヴァレンスと、さほど異なるものではないだろう。

妖精と精霊、妖術と呪術――こうした「かもしれない」の領域をめぐる民族誌にできることは、そうしたものが信じられている、あるいは所与として存在しているような「他者の現実世界」を描くことではなく、調査者を含めた個々人の実践をとおして、それぞれの「そんなはずはない」「そうかもしれない」「そうにちがいない」……が交錯し、ぶつかりあい、響きあう過程を描きだすことだ。

そうした民族誌を読むことは、あるべき「他者理解」や「異文化理解」のためのスキルを身につけることとは別種の変容を、読者にもたらすに違いない。それはきっと、思いもよらない世界との関係性のなかで、いかようにもなりうる自分自身の潜在力と可能性に目をひらかれるような、そんな経験になるのではないだろうか。

（石井美保）

コラム 4

合理性論争

4章でみたエヴァンズ=プリチャードの著作は、合理性論争において重要な意味をもつ。合理性論争とは、ピーター・ウィンチの論文を発端として、合理性の基準や、近代的思考と未開の思考との共約可能性をめぐって行われた一連の議論を指す。その論点は、人間の理性は唯一の「正しい」形式をもつのかという問いにあった。ウィンチは、エヴァンズ=プリチャードの著作に一定の評価を与えつつも、彼が妖術は「実在しない」としたことを批判する。ウィンチによれば、異なる生活様式を理解するために、われわれの合理性の基準を用いることはできない。

客観主義的立場をとる論者は、このウィンチの主張を「相対主義」として批判した。なかでもアーネスト・ゲルナーは、一部の人類学者たちは異文化の概念を翻訳する際に、一貫した解釈を得るために過度に文脈に依存した方法で概念を再解釈していると指摘した。

対してタラル・アサドは、以下の点を挙げてゲルナーを批判した。①異文化の言説を貫く論理性の形式を論じることは、その言説を正当化することではない。②人類学者の翻訳は、たんに一組の文と文を符合させるだけの問題ではなく、異なる生活様式のなかに生きるという学習の問題でもある。③良い翻訳とは、現地語を自国語の形式に押しこめることなく、元の一貫性を再現するために自国語を変形させることだ。

今日、存在論的転回を謳う人類学者たちの主張は、非西欧的な思考の理解をとおして西欧的な合理性の概念が拡張されうると考えた「相対論者」(スタンレー・タンバイアのことば)の見解と共通性をもつ。ただし、近代合理性とは相容れない言説や実践の論理性を示し、その文脈を含めた解釈を試みてきた過去の研究とは異なり、存在論的人類学は、異なる存在論的世界にあるとされる事象を人類学者が解釈によって変容させることを批判する。このように人類学は、西欧近代からみた異他性を理解する方法を模索する一方、西欧的な合理性の相対化や批判を試みてきた。合理性をめぐる論争は過去のものではなく、現在も進行中なのである。

価値と秩序が生まれるとき

II

カイエンヌ（仏領ギアナ）の市場

5　モノと芸術——人はなぜ美しさを感じるのか？

芸術は美しい？

二〇一六年五月、サンフランシスコ現代美術館に突如として現われた作品が世間を騒がせた。その作品はメガネの形状をとり、床の上に無造作に配置されていた。メガネはふつうの大きさで、奇抜なデザインや色をしているわけではない。一見するとなんの変哲もないメガネなのだ。人びとはなんとか作品の意味を理解しようと説明書きに目を凝らしたり、美しさを感じとろうと床に這いつくばって眺めたり、最良の角度から写真に収めようとしたりしていたことを、ガーディアン紙やニューヨークタイムズ紙をはじめとする多くのメディアが伝えた。

ではこの《メガネ》は、いかなる意味で芸術だったのだろう。鑑賞者を悩ませたのもそのはず、それはじつは、美術館を訪れた二人の若者によるイタズラだったのだ。彼らは、美術館についての説明書きの近くに勝手にメガネを置き、人びとが夢中になり、それがあたかも価値と意味をもった一流の芸術作品かのように仕立てあげられていく様子をＳＮＳに投稿し、芸術とは何かを問うたのだ。

このエピソードを、おそらく多くの人は簡単に笑えないだろう。私たちは美術館へ行くと、そこにあるモノこそが、美しい芸術だと自動的に想定する。一つひとつの作品の前で立ち止まり、静かにじっと作品を見つめて過ごす。作品の前ではものを食べたり、大声を出したり、作品を触ったりすることは自然と（あるいは強制的に）避けられ、私たちの知覚は次第に視覚へと特化され、鑑賞のモードへと切り換わる。なぜなら芸術作品とは美しく、その美しさとは、生活のざわつきと切り離された小宇宙のなかで見つめることによってはじめて感じとられるものだからだ。そして私たちはじっと作品を見つめつづけ、その美しさが自分を圧倒し、のみこんでくれる偉大な瞬間を待つのである。《メガネ》も美術館のなかに陳列されているからにはきっとそのような作品としての美的価値をもっているはずであり、もしもその美しさがわからないのなら、それは自分の落ち度である、なんとかしてそれを感じとらねばならない、そう多くの人が思ったことだろう。

だが、はたしてそうだろうか。芸術の本質とは美しさにあるのだろうか。もっと言うと、美しさとは、このような限定された小宇宙でのみ経験されるものなのだろうか。

文化人類学は長きにわたって、「芸術のようなモノ」を研究対象としてきた。だが、仮面や布、神像や器、装飾品などといったモノは、生活のざわつきを全身にまとう、使用価値にまみれた工芸《クラフト》であって、ほんものの芸術《アート》ではないとされてきた。そして、それらは美術館ではなく博物館に並べるのがよいとされ、制度的に芸術と分けられてきたのだった。他方で、そこに見出される美としか呼べそうにないなにかは、人類学者のみならず、芸術家をもふくむ多くの人びとを魅了し、さまざまな思考を促してきた。

本章では、文化人類学がそれらのモノをいかにして理解してきたのか、そして文化人類学的に思考したときにどんな「芸術」の姿が見えてくるのかについて考えていきたい。

「なにが芸術か」から「いつ芸術になるか」へ

芸術の歴史は美の歴史と切っても切り離せない関係にある。西洋芸術の鑑賞態度とは、美しさを判断する態度であるべきで、たとえば「これは使えるか使えないか」といった実用性にもとづく判断を芸術に用いるのは不適切とされてきた。逆にいえば、美しさ以外の価値に重きがおかれる工芸のような生活品は、芸術とは一線を画すべきだという見方があった。

だが文化人類学的にみるならば、芸術と工芸の境界は自明ではない。たとえばアート（art）の語源であるラテン語のアルス（*ars*）とは、もともと形成における技術を意味していたが、ヨーロッパルネサンス文化のなかで次第に作者の個性が重視されるようになると、小文字のアート（art）から職人的技術を排除したところの、大文字単数で考えられるような特権的なアート（Art）になっていった［木村 一九九四］。さらに、元来のつながりを取り戻すかのように一九世紀末のイギリスで起こった美術工芸運動や、二〇世紀初頭の日本で起こった民藝運動にみられるように、とりわけ近代以降の視覚芸術は、その領域を工芸へと拡大させていった過程ぬきでは理解できない。二〇世紀美術の代表であるキュビスムやシュルレアリスムが、アフリカ、オセアニア、北米各地の工芸から直接的な影響を受けたことはよく知られており［ルービン編　一九九五］、これらの収集には多くの文化人類学者がかかわっていた（⇒コラム5）。

足並みをそろえるように芸術研究でも、芸術には美という本質がある（なにが芸術か）という見方から、芸術は制度によって芸術になる（いつ芸術になるか）という構築的な見方へのシフトが生じた。あるモノが芸術になるのは、芸術として位置づけられる歴史や理論の雰囲気、すなわち「アートワールド」［Danto 1964］にそれが参入するからであり、芸術家、批評家、収集家、美術館、博物館などから構成される「制度」によって芸術と認知されるからなのだ［Dickie 1974］。先述の《メガネ》は、まさにこのような制度のなかで芸術となっていった好例といえる。つまり、実用目的で着用しているメガネ自体は芸術ではないが、それをいったん美術館に並べることに成功し、作品としての意味を歴史や理論にのっとって説明し、人びとをまきこむことができたのなら、まったく同じそのメガネは芸術としての《メガネ》になるのである。

ただし文化人類学にとって制度とは、糾弾すべき対象でもあった。たとえばジェイムズ・クリフォードは、非西洋地域の工芸が芸術の舞台へと参入するのを可能にした植民地的制度を指摘する。彼はとりわけ、収集・分類という作業をとおして、異国情緒の漂うモノをコンテクスト化し、あらたな価値を付与していった制度的かつイデオロギー的なシステムを「芸術＝文化システム」と呼び、それを可能にした非対称的な権力関係を批判した［クリフォード　二〇〇三］。クリフォードの提起した問題はさまざまな研究者によって深刻に受けとめられた。そして、文化と芸術が同一のシステムを構成しているにもかかわらず、人類学と芸術研究が無自覚的に分業体制を続けている状況が批判された。アートワールドはあらたに「文化的価値に関する言説が生産されるもっとも重要なアリーナ」［Marcus & Myers (eds.) 1995］として位置づけなおされ、人類学と芸術研究の綜合が模索されるようになった。たとえば、芸術と文化が出会う局面としての、グァテマラ・インディヘナ（先住民）による油彩画制作を対象とした研究では、必ずしも芸術と文化のどちらかが支配的な価値として君臨するのではなく、制作者は「交渉」をつうじて、消化される差異ではなく、あらたな「挑戦する差異」を生みだしていることが指摘された［古谷二〇〇一］。

このようにして、芸術の本質はなにかという問いは、あるモノを芸術にする制度とはなにかという問いへと代わり、とりわけ非西洋地域のモノを芸術に仕立てあげていく非対称的な権力関係にもとづく制度への批判、そして制度のなかでの人びとの抵抗実践への着目へと、力点を移していったのだった。

文脈に埋めこまれた芸術

制度論的説明は、現代の芸術風景にたいする一定の説明を与えてくれるし、植民地主義批判という重要な論点を提起した。だがそれは、「芸術（のようなモノ）」の価値のすべてを示すことはできない。たとえば、どんなモノでも潜在的には制度によって芸術になりうるとしても、私たちは特定の「芸術（のようなモノ）」を前にしたときに生じるゾクゾクした感じや、うっとりした感じを知っている。それを「アートワールドが制度化した感覚」と言ってしまうのでは、なにか物足りない。では私たちはその感じを、いったいどう理解すればよいのだろうか。

そもそも、モノにかんする人類学は物質文化研究によって牽引されてきた。「物質文化」とは、人間が文化的な活動をとおして生みだしたすべてのモノをさし、装飾品や宗教的彫像などはもちろん、釣具や鍋といった生活用品もふくむ。物質文化研究はもともと、未開社会から新奇なモノを収集するという植民地的プロジェクトと手をたずさえながら、一九世紀ごろより西ヨーロッパを中心に発展した。初期の研究において物質文化は、それを生みだす技術や社会がどれだけ洗練されているかを測定する指標とみなされた。とりわけ人類学、考古学、博物学が協力することで、たとえば化石から進化の段階を決定することができるように、社会の発展の度合いは、そこにある物質文化から読みとることができるのだとされ、大量のモノが収集され、諸文化が分類された［Buchli 2002］。この収集・分類という作業をとおして、非西洋地域の諸社会は、ヨーロッパ・ヴィクトリア朝式の社会を頂点とするような単線的発展図式の内へと振り分けられていったのだった。この成果が現在の博物館の土台ともなった［吉田 一九九九］。

このような進化主義的な見方は次第に退けられていったが、一連の研究が開拓した技術論自体は、考古学や人類学を横断した物質文化研究の基盤となった。また丹念に物質性と向きあうという物質文化研究の基本は、モノはたんに意味を「表している」のではなく、その物質性において意味「それ自体」なのであり、たとえばパプアニューギニア・ニューアイルランド島の葬送儀礼で用いられるマランガン彫像とは、故人を「表している」のではなく、故人「それ自体」として葬送儀礼をとおして死んでいくのだ［Kuchler 2002］といった、物心二元論を乗り越えるための人類学的研究にもつながっていった。

物質文化研究とときに重なりながらも、あえて芸術という概念を背負いつづけた研究の多くは、それぞれの地にはそれぞれの芸術（文化）があるという、文化相対主義的な姿勢をとった。そして、西ヨーロッパとは異なる歴史的・文化的背景をもつモノの独自の文脈に着目し、それらの意味や価値を考察してきた。そこから形成されたのが、芸術（審美性）と工芸（実用性）は切り分けられないという、現在にも通ずる文化人類学的な芸術観である。

たとえば非西洋地域に見いだされたある種のモノを「未開芸術」と名づけて、最初に民族誌を書いたのはフランツ・ボアズだ。ボアズはまず、芸術は美という観念によって特徴づけられると考えた。そして非西洋地域のモノも美的な評価から無縁ではなく、美はどんな文化にも存在するものの、美を示す形態はそれぞれであるため、諸文化の芸術は相対的に見究められるべきだという主張（文化相対主義）を展開した［ボアズ　二〇一一］。またエドマンド・リーチは、世界各地の民族には多様な美術の形式がみられるが、審美的気質に基本的な違いはないとした。だが「未開美術」では音楽、踊り、詩、造形美術などが未分化のまま複合体を形成しており、多くは祭礼装飾という用途をもつため、西欧美術とは異なる鑑賞の視点が必要であることを説いた［リーチ　一九七〇］。

日本では木村重信が「未開芸術」という進化論的な呼称を退け、あらたに「民族芸術」という概念を提唱した。第一に民族芸術の作者は、所属する社会にあるなにかを表すのであって、個人的な考えや感情を表現するのではない。次に民族芸術とは、額縁のような閉じた小宇宙ではなく現実の空間を場所とし、現実の人びとの美意識を凝集したかたちで示す。それゆえに民族芸術は、作者と作品との関係よりも、作品と享受者との関係に重点があり、民衆の生活と強く結びついているのである［木村 二〇〇〇］。

このようにして文化人類学では、諸文化に息づく多様なモノを「〇〇芸術」として相対化するなかから、芸術自体を再定義することをつうじて、工芸と芸術との接合を試みてきた。ここにみられるのは、さまざまな文化において、「私たち」と「彼ら」双方にとって美的と呼べるような判断が存在する一方で、その判断は美術館で私たちがやっているように独立しているわけではないという考え方だ。

たとえばトロブリアンド諸島のクラ交換（⇓6「贈り物と負債」）に用いられるカヌーは卓越した彫りや彩色で知られ、どんな美術館に並べても引けをとらないような視覚的特徴をもつ。そしてこの視覚的特徴こそがクラ交換の相手に返礼をさせる力の一端を担うともいわれる［Gell 1999］。だが、それが現に美術館のガラスケースに入れられたなら、おそらく発揮される力はずいぶん異なるたぐいのものになるだろう。それは青い海とのコントラストのなかに浮きあがった赤と白として、ぐんぐん島へと迫ってくるから人びとをぎょっとさせるのであり、巧みな技術を見て人びとは「こんなものを作り出すなんて、彼らはいったいどんな凄い呪術力をもっているのだろう」と畏れる。カヌーはこのようなさまざまな事象と一体となってこそ大きな力を発揮するのだ。

美的判断が独立せずに、その他の実践のなかに埋めこまれているという視点の土台には、マルセル・モースの贈与論がある。モースは贈与交換を、あらゆる種類の諸制度が一挙に現れる現象、すなわち「全体的社会的事実」として論じた［モース 二〇一四］（⇓6「贈り物と負債」）。モースが引きあいに出す諸制度とは、宗教、法、道徳、経済、芸術だ。贈与交換においてはこれらの領域がすべて渾然一体となって駆動しているので、そこで用いられるモノを説明するにあたっては、たとえばその芸術的（美的）価値のみを取りだすわけにはいかないのだ。また、モースのこのような議論に先立って、マックス・ウェーバーは、芸術はとりわけ宗教と不可分な領域を構成していたにもかかわらず、啓蒙思想をつうじて芸術と宗教とが分かたれたと論じた［ウェーバー　二〇〇五］。そして芸術誕生の歴史を、芸術の脱呪術化（合理化）の過程として説明した。

このような研究からみえてくるのは、同様の歴史をもたない諸地域のモノを、芸術という限定的な領域に閉じこめて理解することの不適当さである。では芸術と芸術のようなモノをつなぎながら思考する方法とはどのようなものだろうか。

世界を変える、豊かに生きる

文化人類学からのひとつの答えは、芸術だけでなくあらゆる領域で用いられてきた比較という思考方法によって与えられる。「芸術だ」ではなく、「芸術ではない」でもなく、「芸術のようなモノ」という「あいだ」において、私たちは芸術の意味内容を画定する必要のないままに、さまざまな一見関係のないモノを比較し、関連づけることができるようになる。たとえば、パブロ・ピカソの《ゲルニカ》を芸術の典型だと思う人が、トロブリアンド諸島のクラ交換用カヌーを見て「芸術のようだ」というとき、ピカソの《ゲルニカ》とカヌーは芸術という概念を介して比較され、関連づけられる。そして芸術の概念は、関連づけられたあらたなモノを取りこみながら、その意味内容を拡張していく。新しい意味や価値を生産していくことが、芸術という領域の担ってきた機能であるならば、このような文化人類学の比較という思考方法こそ、まさに芸術そのものということもできるだろう。

さらなる答えは、アルフレッド・ジェルの研究に見いだせる。ジェルは手垢のついた芸術概念からいったん距離をとって、人類学的な知を基盤とする芸術理論を根本から構想しなおした［Gell 1998］。彼はまず、芸術の人類学がいまだ美という神話に囚われていることを指摘し、美という領域を想定せずに芸術を理解する方法の必要を説いた。ジェルが拒否するのは、芸術作品は美や象徴を運ぶ、それ自体は何ものでもないような箱であり、読み解かれるべきは中身（美）だといった、従来の二元論的見方だ。そうではなくて、箱と中身はそもそも分けられず、作品とは何かの類像《イコン》でもなく、象徴でもなく、指標《インデックス》なのだとジェルは言う。

指標としての作品は、観る者にたいして、みずからがこの世界に現れるにいたった過程（因果関係）を推論するよう促す行為体《エージェント》である。この過程とは、作家、販売者、モデル、所有者、加工者など、さまざまなアクターの社会的行為に満ちており、行為の痕跡は、作品のなまなましい物質性に顕現している。たとえばクラ交換に用いられる腕輪が、もとの作者や所有者たちからずっと離れた他島にまで渡っているとき、腕輪の存在自体が、壮大な時空間へと贈与を展開できた所有者の力の指標となり、その色艶は、所有者の人格の指標となる。さらに言うと、卓越した作品は、観る者を罠にはめるがごとくうまくまきこみ、推論へと没頭させる。そして、観る者が作品の出現過程を自分では思い描けないとき、「いったいどうやってこんなものが出現するにいたったのか」という動揺にも似た圧倒的な感覚が引き起こされる。クラ交換の腕輪の場合は前節でも示したように呪術力と関連づけられたりするのだが、これが、芸術に魅惑される感覚についてのジェル流の説明である。

いずれにせよ、芸術作品は、何が何と行為しあったのかというネクサス（関連づけ）をつくりだし、引きつづく行為を方向づけるが、このネクサスの発生こそが、芸術作品の働きによる社会的効果である。ジェルはこのようにして、芸術作品とは美の表現ではなく、人間の社会的行為を媒介し方向づける形態であるとし、その特殊性は、世界に変化を引き起こそうとするあらゆる参与者の意図や、芸術作品の生産・分配をつうじてそれを達成するプロセス、そしてその社会的諸効果にあると論じた。このような見方をするとき、私たちは芸術を、あらたな関連づけの方法へと誘いこむような「世界を変えることを意図した行為の体系」として理解し、その過程を、美というブラックボックスを経由せずして、文化や社会のうちに見渡せるようになるのである。

最後にこれらを踏まえたうえで、人類学的な芸術研究が導いてくれる、「生《せい》の全体性」という地平にふれておきたい。たとえばモースが論じた全体的社会的事実が示すのは、それぞれの制度へと現実が断片化されてはいないような、連続的な世界である。そこでは芸術的なことは同時に経済的であるし、それはまた宗教的、法的、道徳的でもある。たしかに一方で、人類は世界を分節化し、右と左を分け、夏と冬を、女と男を、そして芸術と他の領域を分けることによって、文化なるものを整備してきたのだという理解がある。だが他方で、あまりに細分化された現代世界は、人類が本来もっていたはずの自由な関連づけの能力を奪い、生の断片化を加速させてきた。断片化した生のなかで人は、あるものの存在様態を決まりきった見方からしかとらえられなくなる。たとえば、「女」として出生登録されたあなたが、魅力的な「男らしさ」を具えたっていいことや、美術館に陳列された貝殻の首飾りが、トロブリアンド諸島の人びとにとっては（そしてきっとあなたにとっても）重い病を治す呪物となりえることに、すなわち「ありえるかもしれない現実」に気づかなくなる（⇓4「現実と異世界」）。そしてくり返しを強いる制度によって知覚は自動化し、決まりきった枠の外に出られなくなり、私たちはどんどん息苦しくなっていく。そんなとき「世界を変えよう」とうずうずしている芸術たちは、目の前にある制度や境界を超えた関連づけの方法へと魅惑的に私たちを引きずりこんでくれ、生の全体性にもとづく豊かな発想へと導いてくれる。そして人類学が芸術をつうじて示すことができるのは、まさにこのような意味での創造性なのだ。

（渡辺　文）

コラム5

岡本太郎　境界線を吹き飛ばす爆発

「芸術は爆発だ」。岡本太郎（1911～1996）といえば、このフレーズを思い浮かべる人も多いかもしれない。あるいは1970年の大阪万博にあわせて制作され、今も万博記念公園で異様な光を放ちつづける巨大な《太陽の塔》でも知られる。鋭い眼光、型破りな発言や作品から、変わり者の芸術家という印象が強いが、彼はだれよりもただの「人間」であることを希求し、人間性を失いつつある世界のなかで、もがきつづけた人だった。

1911年、川崎市に漫画家の父と小説家の母の長男として生まれた太郎の幼少期は、変わり者の印象を裏づけるようなエピソードにあふれていた。やがて東京美術学校に進学するも、日本での生活に行き詰まりを感じ、1930年から約10年間の青年期をパリで過ごすことになる。未開芸術から影響を受けたシュルレアリスムやキュビスムといった大きなうねりが街を動かしていた時代だ。太郎はそこで目にした絵画の数々を前に「うわぁっと感動しちゃってぼろぼろ涙が出」たという。そして、パリ大学に出入りしはじめたころ、マルセル・モースとの運命的な出会いを果たすことになった。

モースと民族学（人類学）との出会いは、なんのために絵を描くのかという、太郎が抱えていた根源的な問いに光をもたらした。モースの説いた「全体的社会的事実」という世界観（79頁参照）や、モースのまわりに集まる多くの人類学者と芸術家、そしてさまざまな未開芸術との出会いは、太郎を震えさせ、自分は芸術をとおして「すべて」という境界のない生き方をつくるのだという態度を育てた。太郎は言う。「芸術は全人間的に生きることです。私はただ絵だけを描く職人になりたくない。だから民族学をやったんです。私は社会分化に対して反対なんだ」。

帰国した後も、太郎は生の全体性へと駆り立てられながら、縄文土器や沖縄文化の研究にも着手し、精力的に作品を世に出しつづけた。太郎の「爆発」は、いまなお、世界の境界線を吹き飛ばしつづけている。

6 贈り物と負債——経済・政治・宗教の交わるところ

コミュニケーションとしての「経済」

「人とのコミュニケーションは大切だ」とか、「社会ではコミュニケーション能力が問われる」とか、よく耳にする。その言い方からは、自分の考えをことばにして相手に伝えることや場の空気を読むことだけが「コミュニケーション」だと思うかもしれない。でも、それだけではない。人とモノをやりとりすることも、重要なコミュニケーションの一部だ。

私たちは、つねにいろんなモノを人とやりとりしている。家庭の食卓で親のつくった料理を食べることも、子が親からお小遣いをもらうことも、働いて給料を手にすることも、そのお金を払って店でモノを買ったり、それを人にプレゼントすることも、すべて私たちが日常的にくり返しているモノのやりとりとしてのコミュニケーションだ。

でも、そのいろんなモノのやりとりのなかで、ふつうは「モノを買うこと」と、「人にプレゼントを渡す」ことは、まったく違う行為だと考えられている。親からお小遣いをもらって、店でモノを買うとき、お金が人から人へと同じように動いているのに、二つのお金のやりとりは、まったく違ってみえる。それは、なぜなのだろうか。

経済を研究してきた人類学は、こうした問いに向きあってきた。人からプレゼントをもらい、それへのお返しを渡すという贈与交換。経済とは無関係に思えるこの行為も、人と人とのモノを介したコミュニケーションとみなせば、店でお金を払って商品を買う行為と比較可能になる。この広い視野こそが、文化人類学ならではの思考法だ。

「贈与」を人類学の重要な研究テーマにしたのが、マルセル・モースだ。モースは、『贈与論』（原著初版一九二五年）のなかで、なぜ多くの未開社会にとって贈与がきわめて重要な意味をもつのか、その贈与がいかに法や経済、宗教や美など社会生活の全体と深く関係しているのかを考えた。贈与には、社会のあらゆることが混ざりあっている。モースは、そのことを「全体的社会的事実」と表現した（⇩5「モノと芸術」）。

モースが注目してとりあげた事例のひとつが、マリノフスキーがニューギニアの調査から報告した「クラ」という贈与交換の制度だ。トロブリアンド諸島とその近くの島々の首長は、カヌーの遠征隊を組織し、海を越えて贈り物を送り届け、食事や祝祭による歓待を受ける。それはときに命がけの危険な航海になる。このクラで贈り物として渡される宝物（ヴァイグア）には、二種類しかない。赤色の貝の円盤状の首飾り（ソウラヴァ）と白い貝を磨き上げた腕輪（ムワリ）の二つ。

首飾りは島々のあいだを時計回りに、腕輪は反時計回りに動くように、厳格な作法に則って贈られていく。他の島のパートナーからもらった贈り物は、しばらく手元に置いたあと、決められた方向の別の島のパートナーへと贈られる。保有しつづけることは許されない。首飾りや腕輪は、所有物でも、何かのために使われる消費財でもない。ひたすら贈り物として循環しつづける。宝物には名前がつけられ、それを手にした人物の伝説が語り継がれ、神話とも関連づけられている。呪術的な力もある（病人の腹にこすりつけたりする）。この贈答品の交換が、人びとの価値観や社会的名誉、島々のあいだの秩序を支える土台でもある。

こういう話を聞くと、まったく異質な世界の理解不可能な話に思えるかもしれない。でも、じつは、私たちも同じようなことをしている。たとえば、サッカーW杯の優勝トロフィーがそうだ。あのトロフィーには歴代の名選手が手にし、数々の歴史に残る試合の記憶が刻まれている。ただの代替可能なモノではない。プレーする選手も、応援する観戦者も、多くの犠牲を払ってでも、このなにかに使えるわけではない（事実上、売ることもできない）トロフィーの争奪戦に熱狂する。手にしたトロフィーは、四年後には手放され、またあらたな一時的保有者を決める戦いが世界中で繰りひろげられる。もしサッカーを知らない異星人がみたら、トロフィーをめぐって玉を蹴って網に入れる壮大な儀礼を、クラと同じように好奇心をもって報告したかもしれない。私たちは、モノを介して不思議なコミュニケーションをしている。そこには、いったいどんな意味があるのだろうか。

モースは、クラの分析で重要な指摘をしている。それは、人びとがクラ交換だけをしているわけではない、という点だ。複数のモノのやりとりの形式が同時に並存している。

クラによる贈与交換が行われるとき、実用的な物品を経済的に交換する「ギムワリ」も行われる。そこでは執拗な値切りあいがなされる。それはクラでは許されない。相手に贈り物を強要するなど、クラでギムワリのようなふるまいをすると非難の対象になる。ほかにも、クラのパートナーでもある漁村と農村のあいだで農産物と漁獲物とを分け与えあう「ワシ」という関係もある。首長に奉仕した集団に食べものを分配する「サガリ」という儀式もある。

人びとは複数のモノのやりとりの方法を明確に区別しており、そこに違う意味を見いだしている。それは私たちも同じだ。プレゼントを贈ることと、商品を買うこと。家族で食卓を囲むことと、レストランでお金を払って食事すること。つねに人のあいだでモノがやりとりされているが、私たちはそれを別のものとして区別している。親しい間柄の親密な贈り物の交換は、商品の交換とは正反対の行為だとすら考えている［松村 二〇一七］。

贈り物と商品——現実はどう生じているか？

なにが贈与交換と商品交換とを区別しているのか。文化人類学では、それらを次のように区別してきた［Gregory 1982］。贈与交換は人と人とをつなげ、商品交換は関係を切り離す。「贈り物」は贈り主のことを想起させる（＝人格化）。一方、「商品」は作り手や売り手を無関係なものとして切り離す（＝非人格化／匿名化）。あるいは、社会秩序の再生産をめざす長期的な交換サイクルにかかわるか、利潤を追求する個人の短期的交換サイクルにかかわるかの違い、との指摘もある［Bloch & Parry (eds.) 1989］（⇒コラム7）。

家族は長期的に維持されると考えられているので、親が料理のたびに子どもにお金を払わせたりしない。親は子の世話をし、いずれは子が親孝行するといったように、関係の持続が期待されている。その子が結婚して親になると、また自分の子どもに……と続く。人格化された社会の長期的秩序の再生産とは、そういうことだ。そこでは贈与の関係がふさわしい。一方、商品ならば、できるだけ安く買いたいし、できるだけ高く売りたい。それがどんな相手かは関係ない。有利な取引ができなければ、次も同じ人と売買するとは限らない。それが人間関係とは切り離された非人格的な短期的取引の意味だ。

ただし売買であっても、お得意様がいたり、行きつけの店ができたりすることもある。同じ商品でも、値段ではなく、お気に入りの店や知人だからという理由で買う人もいる。商売のうえでも、リピーターやファンを増やすといった長期的な関係が大切なのは明らかだ。商品交換が短期的で非人格的な取引だけに終始するわけではない。

商品交換と贈与交換は分離された営みではなく、連続線上にある。そのやりとりの連鎖のなかで、モノは意味や価値を変化させる。どこでも売られている商品でも、親族の遺品だと、故人を偲ばせる大切な形見になる。有名人の持ち物は、ありふれたモノであっても高額オークションの対象となる。モノは、いろんな履歴をたどる。このモノの意味／価値の変遷に注目したのが、イゴール・コピトフだ。彼は、モノが「交換不可能なかけがえのないもの」と「いつでも交換できる商品」という二つの極のあいだを動く、と指摘した［Kopytoff 1986］。つまり、贈り物と商品との境界は固定していない。

　贈り物と商品が切り離されていないからこそ、私たちはいろんなモノのやりとりをとおして、その意味や相手との関係を変化させることができる。商店でも、特別におまけをつけたり、サービスで割引したりする。商品交換の場でも、贈り物を渡すかのようなふるまいをすることで、親密で長期的な関係づくりがめざされるのだ。

　私たちが親密だと思っている人間関係は、特定のモノのやりとりをするからこそ、長期的な人格的関係として維持されている。家族は何もしなくてもつながっているのではなく、食卓を一緒に囲むといった行為をとおして家族になる（⇒11「親族と名前」）。別のモノのやりとり、たとえば食事のたびにお金を払わせたりすれば、その関係は別のものに変質するだろう。世界の現実は、こうして私たちのモノを介したコミュニケーションがつくりだしている。

負債と権力——贈り物は怖い

　プレゼントは、相手との長期的で人格的な関係をつくりだし、そのつながりを維持してくれる。贈与って、すばらしい。と言いたいところだけど、よいことばかりではない。

　人からプレゼントをもらう。すると、お返しが必要になる。モースは、贈与には与える義務、受けとる義務、お返しをする義務の三つの義務があると指摘した。モースは、その「義務」の意味を次のように述べている。「誰かから何かを受け取るということは、その人の霊的な本質の何ものか、その人の魂の何ものかを受け取ることにほかならないからである。このようなものをずっと手元にとどめておくのは危険であろうし、命にかかわることになるかもしれない」〔モース 二〇一四：九九―一〇〇〕。モースは、ゲルマン語系の語源をたどり「ギフト」に「毒」の意味があると指摘している。「霊」「魂」「毒」といった表現は、おおげさに聞こえるかもしれない。でも、自分の交際相手が元彼（女）のプレゼントしたアクセサリーをずっと身につけていたら、とても気分が悪い。モースの指摘は、私たちの贈り物にも通じるかもしれない。贈り物は怖い。

モースは、北アメリカ北西沿岸部の先住民が行ってきた「ポトラッチ」という贈与交換の儀礼をとりあげる。別の集団を祝宴に招き、お返しできないほどの大量な贈り物を渡して自分たちの寛大さを誇示する儀礼だ。モースはフランツ・ボアズなどの報告を引用している。ボアズは、ポトラッチには二つの目的があると説明した。ひとつは、公の場で大々的な儀式をして、かつて自分たちが受けとった贈り物の「負債」を弁済すること。もうひとつは、みずからの手にしたものをすべて投げ出して、将来お返しを受けとる自分の子どもたちが最大限の「利得」をひきだせるようにすること。ポトラッチの祭宴で贈り物を受けとる人は、それを「貸し付け」られたものとして受けとり、何年間かたって与え手かその相続者に「利子」をつけて返済しなければならない（モースは「負債」「利得」「貸し付け」「利子」という商業的な語彙は再検討が必要だと指摘している）。この経済的利害を強調するボアズの解釈は後の研究で批判されることになったが、ここで重要なのは、たくさんの贈り物を受けとると、相手への負い目が生じ、そのままでは従属的な地位に甘んじる可能性があるという点だ。

この「負い目」が贈与の返礼へと向かわせる力にもなる。文化人類学では、この相互に報いあう力のことを「互酬性」という概念で説明してきた。マーシャル・サーリンズは、『石器時代の経済学』（原著初版一九七二年）のなかで、この互酬性の三類型を示している。近親者などのあいだでのあまり返礼を求められない「一般化された互酬性」、反対に社会関係の乏しい相手から少なく渡してできるだけ多く奪おうとする「否定的互酬性」、そのあいだに同等なものの交換が期待される「均衡的な互酬性」を位置づけた。どの程度、対等な立場でモノがやりとりされるか、返礼へと向かわせるかは、その社会関係の距離によって異なる。サーリンズは、ここで重要な指摘をしている。それは、返礼を求められないはずの気前のよい「一般化された互酬性」に社会的な階層化、つまり権力関係をもたらす萌芽がある、という点だ。

近しい人でも、一方的な贈与が継続すると、経済的な不均衡が生じる。潜在的に負い目が蓄積することで、与え手が社会的な地位を高める。メラネシアのビッグ・マンやアメリカ先住民のチーフも、つねに共同体の成員に与えつづけることを期待され、その期待に応える限りで尊敬され、その地位を約束された（⇒8「国家とグローバリゼーション」）。ただし、人類学者が研究してきた狩猟採集社会などでは、頻繁な食物などの分配がなされているにもかかわらず、社会的地位の格差が少なく、その関係は対等なまま保たれている。それはいったいなぜなのか。

狩猟採集民の分配でも、負い目が生じないわけではなく、それが一方的にならないよう慎重に配慮されている［市川 一九九一］。アフリカ中央部のムブティの網猟では、獲物がかかった網の持ち手がその肉を優先的に受けとることができる。ただし、網の位置を交代することで特定の者だけが肉を独占しないよう工夫している。カラハリ砂漠のブッシュマンも、弓矢猟ではハンターの技術の差が歴然としているが、狩猟具を他人に貸与し、あえて他人の道具を使うことで、獲物を仕留めた者だけでなく、道具の作製者にも肉が行き渡るよう配慮している。狩猟に熱心なハンターはマイナスの評価を受け、妬みや恨みの対象となる。ハンターたちは狩猟に出る頻度を調整し、大きな獲物を仕留めたあとは猟を休んで分配を受ける側に回る。大型獣を倒しても、控えめにふるまう。傲慢な者や得意になる者は徹底して拒否される。人にモノを与えることがいかに威信や格差と結びつきやすいかをわかったうえで、権威の発生を慎重に防ごうとしている。

贈与のもたらす負い目を利用して政治的な権力を生みだす社会と、その立場の不均衡をコントロールして平等な社会を維持しようとする社会がある。ただし、カチン社会が水平的で平等主義的なグムラオ型と垂直的で階層的なグムサ型の二つの理念系のあいだでゆれ動くように、その社会の区別は必ずしも固定的とは限らない（⇒8「国家とグローバリゼーション」）。さらに、負債や互酬性が顕在化しない「コミュニズム」は、どの社会にも存在するという議論もある［グレーバー 二〇一六］（⇒コラム6・12「ケアと共同性」）。いずれにしても、モノを介したコミュニケーションとしての「経済」は、権力を生じさせうる「政治」とつねに近接している。

神への贈り物——経済・政治・宗教の交点

ピエール・クラストルは『国家に抗する社会』（原著初版一九七四年）のなかで、「経済」の人類学は、つねに「政治」の人類学だと主張した。かつて未開社会は生活に必要な分だけを生産し、消費してきた。しかし、あるとき支配層への貢納や税のために余分に生産しなければならなくなった。この余剰生産は、モノを共同体の外へと動かす経済を活発化させた。この余剰生産を強制する力こそが政治権力にほかならない。こうして経済人類学という着想に根拠が与えられた瞬間に、政治の人類学になる。こうクラストルは書いている。

じっさいには、国家は強権的に徴税するだけではない。人民が進んで国家に「贈与」することもある。日本の事例をみてみよう［桜井　二〇一一］。古代日本の「租」（生産物の三％という低い税率）は、土地からの収穫物の一部を初穂として神の代理人たる首長（国造）に貢納する律令制以前の古い貢納制度に由来すると考えられている。絹・布や各地の特産物を納めた「調」も、祭儀のときに納められた初穂・幣帛《へいはく》（神前に奉られる供物）からきている。古代の税の背後には、最初の収穫物である初物は神仏に納めるものだという信仰があった。この神への贈与としての租や調が一〇世紀後半ごろまでに官物《かんもつ》といわれる地税に統合され、神への捧げ物という性格が失われた。国の徴税制度が神への贈与の延長上で制度化されてきた事例だ。

収穫の一部を神などに捧げる初物の観念は世界各地にみられる。サーリンズは、そうした神への捧げ物は、多産や豊穣といった生命活動の源である神聖な力に対して人びとが示す「恭順の意」だと指摘する［Sahlins 2017］。この宗教的な儀礼を司ることが王の政治的力の基盤になった。政《まつりごと》とは「祭り事」だったのだ。サーリンズは、国家などの人間の政治権力は、この神聖な力を一部の人間が横領したのだと論じている。

モースも、ポトラッチの贈与交換には神々への贈与の側面があるという。その儀礼は死者の魂に働きかけるものだった。人間は死者の名前を受け継ぐ。その人間が贈り物を交換すれば、その交換が死者の霊や神々、動物や自然に働きかけて人間を気前よくさせ、豊かな富を生みだす。ポトラッチの儀礼では、貴重な毛布を燃やしたり、銅製品を粉々にして海に投げ捨てたりする。それは自分たちの力や富、気前よさを相手に見せつけるためだけではない。この世の物財の真の所有者である霊と神々への捧げ物＝「供犠《くぎ》」なのだ。

子どもが死者や幽霊の変装をして大人に贈り物を要求するハロウィーンにも、生者から死者への贈与という意味があった［レヴィ＝ストロース 二〇一六］。そして、サンタクロースが子どもたちにプレゼントを渡すクリスマス祭も、この秋から冬にかけて子どもたちが寄進集めをした習慣と関係している。かつてヨーロッパでは、秋は死者が来訪して生者をおびやかす時期だと信じられていた。死者が生者からの奉仕や贈り物を受けとって歓待されたあと、光と生命の救出を意味する冬至を迎えて、生命が勝利する。クリスマスに贈り物に包まれた死者が生者の世界を立ち去ると、次の秋まで生者が平和に暮らすことが許される。クリスマス・イヴの晩餐も、もとは死者に捧げられた食事だった。レヴィ＝ストロースは、クリスマスには贈り物をあの世に届けたいという私たちの欲望があらわれており、それは生きていることの穏やかさに捧げられた「供犠《サクリファイス》」なのだと述べている。

私たちも神社でお賽銭を投げ入れたり、お墓に花や酒を供えたりする。いまも贈り物を渡す相手は生きた人間だけではない。なぜそんなことをするのか。モースは、供犠とは、犠牲となるモノを聖化することで、その供物を提供した祭主とその祭主が関心をもつ対象との関係を変化させる行為だと定義した［モース&ユベール　一九八三］。供犠では動物が殺され、モノが破壊される。その犠牲をとおして聖なる世界と世俗の世界が結びつき、力を獲得したり、穢れを除去したりする契約関係が結ばれる。それはまさにあらゆる宗教の中核をなす行為だ［デュルケム　一九四二］。

モースは『贈与論』のなかでくり返し贈与交換ではモノと人とが交じりあうと述べている。人と人のあいだを行き交うモノはただの物質ではない。人間とモノとがその境界を超えて混交する。だからこそ、贈り物に力が宿る。その贈り物の交換は相手に返礼の義務を強いる契約となり、神への捧げ物もその神秘的力を人間がひきだすための交渉の道具になりうる。

本章では、モースの贈与論の複数の側面に光をあててきた。文化人類学にとって贈与がいまだに重要なのは、それが経済や政治、宗教といった別個のものと考えられている領域それぞれに深くかかわっているからだ。それは人間が価値や秩序をつくりだし、それをゆさぶろうとする力のあらわれでもある。私たちが日々くり返しているモノを介したコミュニケーションは、遠い国の人びとの生活とも、人類の長い歴史とも密接につながっている。

（松村圭一郎）

コラム 6

マルセル・モース　『贈与論』のその先へ

『社会学と人類学』（原著初版 1968 年）というモースの論集の序文で、レヴィ=ストロースは、交換を社会の基盤として位置づけたモースの贈与論が社会科学における新しい時代を切り拓く画期的な研究であると賞賛した。そして、モースが贈与の義務の背後に人びとが見いだす霊的な力（「ハウ」や「マナ」）の概念に注目していることについて、それは純粋な象徴であり、その根底に「象徴的思惟」という社会を生起させる無意識的構造があるという構造主義の視点からの解釈を提示した。

モースやレヴィ=ストロースの議論に刺激を受けて人類学の道を歩み始めたモーリス・ゴドリエは、『贈与の謎』で、むしろ「売ることも与えることもできない」モノ（たとえば聖物）の存在から議論を展開した［ゴドリエ　2000］。それは、贈与交換や商品交換から免れた不動点であり、それがなければ社会も、人びとのアイデンティティもありえないような聖なる領域にある。ゴドリエは、そこにそれ自体は無価値な貨幣が流通し、すべての商品と交換できるようになる貨幣の起源や、宗教や王権といった国家の起源との関連を見いだしている。

この「交換」（交換しえないものも含め）を社会の基盤とする見方へは批判もある。デヴィッド・グレーバーは、『負債論』で、すべての正義やモラリティを交換や互酬性には還元できないはずだと問うて、互酬性とそれにもとづく「負債」を社会性の基盤とする考え方を批判した［グレーバー　2016］。彼は、モースは社会がいくつもの矛盾する原理の寄せ集めだと認識していたのだと指摘する。社会には、等価物をやりとりする「交換」だけでなく、それぞれの必要と能力に応じて融通しあい、収支の計算をしない「コミュニズム」もあれば、優位者と劣位者とのあいだで慣習的で非対称なモノのやりとりをする「ヒエラルキー」もある。

広範な論点を提示したモースの『贈与論』から何を取りだして世界を考えるのか。それはいまだに文化人類学的思考の源泉でありつづけている。

7 貨幣と信用——交換のしくみをつくりだす

交換する生きものとしての人間

今朝、起きてから今この本を開くまで何があったか思い出してみよう。スマホのアラームを止めて、シャワーを浴びて、珈琲とトーストの朝食をとって、バスに乗って……。私たちの生活はこれらのたくさんのモノに支えられている。だが、私たちはそれらのモノを自分自身でつくりだしているわけではない。珈琲豆は熱帯の国から、バスのガソリンは中東から、と他人との交換で手に入れたものばかりである。これは私たちが特別なわけではなく、世界中で同じである。人間はその歴史のほとんどにおいて、他人からモノをもらい、他人にモノを与えて生きてきた（⇒6「贈り物と負債」）。じっさい、人類学者がこれまで調査してきたなかでも、交換なしの生活を営んでいた人びとはいない。近代経済学の創始者アダム・スミスは、人間には「物々交換し、取引する性向」が備わっていると論じた［スミス 二〇〇七］。

本章ではこの交換のしくみについて、そしてそのなかで貨幣が果たしている役割について考えていきたい。貨幣と一言でいってもさまざまである。私たち自身、紙幣や硬貨だけでなく、プリペイドカードや電子マネー、なかには仮想通貨を使う人もいるかもしれない。時代や地域を広げて見てみれば、石や貝殻、犬やクジラの歯、牛などの家畜や、ときには奴隷まで、人間はじつに多様なモノを貨幣として用いてきた。これらの貨幣は、交換においてそれぞれ異なった役割を果たしている。本章ではこれらの多様な貨幣のなかから、私たちが使う紙幣や硬貨、ミクロネシアのヤップ島における石貨、そして近年登場した仮想通貨の三つをとりあげ、人間社会における貨幣と交換のしくみがどのようにつくられるのかを考えていきたい。

物々交換を媒介する貨幣——貨幣商品起源説

まずは私たちが日常的に使っている貨幣から考えてみよう。私たちはそれらでパンや珈琲を買う。これを言いなおせば、私たちは自分でパンや珈琲をつくるのではなく、各々の技能に応じてモノやサービスを生産し、その見返りとして貨幣をもらい、その貨幣と交換で他人がつくったパンや珈琲を手に入れるということである。つまりモノとモノとを、貨幣を介して間接的に交換しているわけだ。

ここでは貨幣があいだに入ることが決定的に重要である。なぜならモノどうしの直接交換は難しいからだ。もし貨幣がなかったらと想像してみよう。人類学者である私はお腹が減ったら、ラーメン屋で「人類学の本と交換にラーメンを食べさせてくれ」と頼まねばならない。もちろん断られるだろう。虫歯が痛むラーメン屋は歯科医院に行って、ラーメンと引き換えに歯を治療してくれと頼むが、歯医者はラーメンは昼に食べたばかりだからと断るかもしれない。私だって歯医者に「歯を削ってやるから本をくれ」と頼まれても困る。物々交換が成立するには「2人の人間が互いに相手の欲しい物をもっているという希な偶然、すなわち欲求の二重の一致」〔マンキュー　二〇一七：一一五〕が必要だが、片思いが両思いに成就するのは容易ではない。だから、あいだに入る「交換媒介」としての貨幣が重要なのである。

多くの論者が貨幣の発生について論じる際に、この媒介機能の重要性に言及してきた。アダム・スミスは、（欲望の二重の一致という）「不便を避けるために、分業が確立した後、どの時代にも賢明な人はみな、自分の仕事で生産したもの以外に、他人が各自の生産物と交換するのを断らないと思える商品をある程度持っておく方法をとった」〔スミス　二〇〇七：二五―二六〕と論じている。たとえば日本では米などが、この「他人が断らない商品」にあたる。主食である米は、みながそれなりにもっているので、当座の交換の見返りとして一番欲しいものではない。だが、それでも歯医者はラーメン屋が米をもって来たら、受けとって治療するだろう。なぜなら米はラーメンと違って保存が効くので、いつか食べられるからだ。歯医者が米を受けとる理由として、保存が効くこと以上に大きいのは、米ならきっと人類学者も受けとるだろうという期待である。じっさいに人類学者は米を受けとるだろう。なぜなら、本を読まないラーメン屋も米なら受けとると期待するからである。こうして米は必ずしも各人の一番欲しいモノではないが、他人もきっと受けとるという期待から、交換を断られない商品、すなわち交換媒介＝貨幣として機能するようになる。

このように物々交換のあいだに入る媒介物としての人気商品に貨幣の起源を見るのが「貨幣商品起源

説」である。もちろん過去にさかのぼって貨幣が発生する瞬間を確認できるわけではないので、これは仮説にすぎない。だが物々交換のなかから、特定の商品が貨幣の役割を果たすようになったという報告は数多くある。たとえば経済学者であるリチャード・A・ラドフォードは、自身が第二次世界大戦中に捕虜として囚われていた収容所で、パンや缶詰などの物々交換のなかからタバコが貨幣として用いられるようになった事例を報告している［Radford 1945］。

現在、私たちが使っている貨幣はこの「交換媒介」機能を中心として、価値を将来にもち越す「価値保存」、あらゆるモノの価値をあらわす「価値基準」という三つの機能を果たすものとされる。米やタバコなどの商品貨幣はこの三つの機能を果たすものの、まだ不完全である。たとえば米はラーメンよりは保存が効くが、時間がたてば品質が落ちる。そうなると交換を断られてしまうし、価値基準としても不安定である。貨幣のはじまりはこのような不完全な商品だったが、その後、時代が下るにつれて三つの機能をより完全に果たすモノに変わっていった。米や麦からより耐久性の高い貝や石へ、さらに貴金属へ、それを均質的に加工した硬貨へ、そして紙幣へ。容易に持ち運べ、劣化せず、一〇〇円のジュースから一〇〇億円の戦闘機まであらゆるものの価値をあらわせる貨幣へと完成度を高めていったのである。人間を交換する生きものととらえるならば、貨幣は人間の交換生活と歩調をあわせて進化してきたといえるかもしれない。

だが貨幣商品起源説にはひとつ疑問が残されている。もし貨幣の登場が交換を便利にしたというなら、人間はそれまでずっと交換に困った状態のまま生きていたのだろうか。この点について多くの研究者は、人間はかつて成員相互が顔見知りの相互扶助を当然とする共同体で生きており、そこでは貨幣は不要だったと想定している。私たち自身も家庭内で、たとえば親が作ってくれた食事に貨幣を支払うことはないだろう。私は相手を助けるし、相手も私を助けてくれるという信用があれば貨幣は必要ない。そのように互いを信用し、与えあう小さな共同体から、農耕の発達によって次第に人口が増え、互いに顔を知らない人びとが集住、分業して生活する状況にいたってはじめて物々交換の困難という問題が発生し、それを解決したのが貨幣だったというわけである。この貨幣商品起源説が想定する貨幣の進化の仮説は、はたして正しいのだろうか。次の節では進化の途上にあるとされる石の貨幣をとりあげよう。

ヤップ島における交換と石貨

太平洋の島嶼国ミクロネシア連邦のヤップ島で古くから使われている石貨は円盤状の石の真ん中に穴を空けたもので、サイズは小さいもので直径二〇センチほど、大きいものは直径四メートルにもなる。一九二〇―一九四〇年代の日本統治時代の調査では、当時ヤップ島には一万三〇〇〇個以上の石貨があったという。ヤシの並木道に巨大な石貨が並ぶ風景はヤップ島の観光資源にもなっている［牛島 二〇〇二］。

まず石貨と私たちの貨幣との違いを確認しておこう。紙幣や硬貨と異なり、ヤップの人びとは石貨を日常的に持ち歩かないし（重くて大変だ）、交換のたびに手渡すこともない。支払いに際しては、小さな石貨であれば相手に手渡すが、大きな石貨の場合はそれ自体は動かさずに所有権だけが移転される。石貨の多くは公の場所にただ置かれている。周囲の人びとは一つひとつの石貨が誰のものか知っているため、所有者は石貨を手元にもっている必要はないのである。また石貨の価値には客観的な基準がなく、その価値は取引のたびに当事者間の交渉で決まる。つまり石貨は、価値基準や価値保存の機能を十分に果たさず、また交換媒体としても使い勝手が悪いのである。先述の三つの機能という観点からは不完全な貨幣といえよう。ではじっさいにヤップ島での交換において石貨はどのような役割を果たしているのだろうか。

ヤップ島の石貨をとりあげたドキュメンタリー番組〈NHK―BS「地球イチバン」二〇一三年一一月一四日放送〉のなかのひとつの印象深いエピソードから見ていこう。ある老人は毎日午後、海に釣りに出る。一人暮らしなので夕食分の一匹だけ釣れれば十分である。たくさん釣れた日は余りを隣人にあげてしまい、逆に釣れなかった日は隣人からイモを分けてもらう。隣人どうしでの魚とイモの交換だが、ここには貨幣は登場しない。現在、ヤップ島では町での買い物はすべて米ドルが使われている。村人もココナツを売るなどして日常的に米ドルを稼いでいる。だが村の生活において、食料やサービスを米ドルで売買することは基本的にはない。それらは人びとのあいだで与えあうものなのである。

こう書くと、ヤップの村はまさに先述したような、顔を見知った人どうしがあたりまえに助けあう親密な共同体に見えるかもしれない。だから不完全な石貨でも問題ないのだと。だが、そう結論づける前にもう少し詳しくヤップ島における交換のしくみを見てみよう。

ヤップにおける交換生活の基盤にあるのは、首長制にもとづく階層構造と役割分担である。それぞれの村には首長がおり、その下に呪術師と漁労長が、さらにその下には……というように明確な階層構造と役割分担が存在している。これらの地位と役職はそれぞれの家ごとに割り当てられている［則竹 二〇〇四］。こうした役割分担は家の中でも徹底している。家の土地はイモ畑、ヤシ畑、漁場など区画分けされ、性別と年齢に応じて個々人に割り当てられ、それぞれが生産活動を分担する。なるほど分業して生産した食料を共有・交換するのかと思うだろうが、話はもう少し複雑である。ヤップ島では性別と階層、年齢ごとに食物の禁忌があり、たとえば年長の男性は女性の畑の作物を食べると病気になってしまうとされている。そのため、各人の生産物は家の中でも共有できないし、自由に交換もできない。交換は、特定の相手と、特定の生産物に限ってなされるのである。これは食料のみならず漁や祭礼での労働などのやりとりでも同様である［牛島 一九八七］。

このようにヤップの人びとは厳格な役割分担のなかで生活しており、交換は階層と役割に従って、半ば義務的になされる。一人暮らしの老人と隣人のイモの交換も自然な助けあいの精神などではなく、決められた相手と決められたモノをやりとりする、高度に組織化された権利義務関係にもとづいた交換だったのである。

こうした交換の権利義務関係は階層と役割に応じて定まっているだけではなく、ことあるごとに再確認され、またあらたにつくりなおされるものでもある。ここで重要な役割を果たすのが、結婚や紛争解決などの際に当事者間で石貨などの財を贈りあう「ミテミテ」という交換儀礼である。たとえば結婚の際には妻側から石貨とイモが、夫側から貝殻貨幣と魚が互いに盛大に贈られ、両者のあいだにあらたな交換関係が生成される。またミテミテの交換当事者は十分な交換財を準備するために親戚や友人、近隣の人びとなどに援助を要請するのが常である。この援助／被援助のやりとりをとおして交換当事者の二者間だけでなく、当事者と周囲の人びとのあいだでも関係が生成・再確認される。

こうして生成される相互扶助関係は重要なものであり、当事者間で記憶しておくだけではなく、公的なかたちでも記憶される。そこで重要な役割を果たすのが石貨である。ミテミテは公衆の面前で盛大におこなわれる儀礼なので、人びとは一つひとつの石貨について、いつ、誰と誰が交換したのかを知っている。いわば石貨は人びとのあいだの権利義務関係が刻み込まれた契約書のようなものなのである。だとすると、石貨が所有者の家の中にしまい込まれるのではなく、日常的に人びとが目にする公の場に置かれていることの意味は明白だ。ヤップの人びとは石貨＝共同体の目に権利義務関係の履行を監視されたなかで、交換しあい、生活しているのである。

信用をつくりだす——交換システムと貨幣の多様性

ここまで見てきたとおり、私たちもヤップ人も交換して生活していた。たしかに人間は交換する生きものなのだろう。だが両者の交換のしくみと貨幣の役割には大きな違いもあった。その違いを信用という観点からまとめなおしてみよう。

私たちが交換において信用しているのは、人ではなく貨幣である。私があなたにモノを与えるのも、あなたが私にモノをくれるのも貨幣を支払うからだ。貨幣が人と人、モノとモノのあいだに入り、その貨幣を全員が信用し断らないことで、誰とでもなんでも交換できるしくみが成り立っている。

一方、ヤップの人びとは貨幣の支払いなしにモノを与え、受けとる。人びとが信用するのは相互扶助の義務がある交換相手であり、またその関係を知っている周辺の人びと、いわば共同体である。儀礼での石貨のやりとりが関係を生成し、その関係が石貨を介して公的に記憶されることで、人びとは安心して相手に与えることができる。

貨幣商品起源説では、ヤップのような貨幣の媒介なしの交換を物々交換以前の原初的な相互扶助とみていた。だが、これはあまりにも西洋近代の市場経済に偏った見方である。カール・ポランニーは、私たちのような貨幣に信用をおく交換のしくみは西洋近代以降の市場経済という歴史的状況下で形づくられたもので、広い時代・地域を見わたせば、むしろ特殊なシステムだと論じている［ポランニー 二〇〇五］。スミスは交換するのが人間の本性だと言ったが、そこで想定している交換――欲望の二重の一致の困難が生じ、貨幣がそれを解決するというような――は近代西洋の市場経済のなかだけのものである。石貨はヤップ島において、それとは異なるやり方で人びとのあいだの交換を可能にしていた。ポランニーはヤップ島のような貨幣と交換のあり方は「未開」ではなく、異なる環境で別様に発達したシステムだと論じ、市場経済をもっとも進化したものとする西洋中心的な思考を批判した。

二つの交換システムの関係については、デヴィッド・グレーバーも興味深い議論を展開している［グ

レーバー 二〇一六〕。長い歴史的スパンで見れば、ヤップのような人に信用をおく交換システム（信用システム）と、私たちのような貨幣に信用をおくシステム（現金システム）は、どちらが遅れた／進んだというような関係ではなく、入れ替わりに交換システムの主流を担ってきたとグレーバーは論じている。現金システムが成り立つためには、貨幣となる貴金属が潤沢かつ広範囲に流通する状況と、その貨幣での支払いを誰も断らないよう強制する統治権力が欠かせない。ヨーロッパではこの条件はローマ帝国時代に整った（強力な権力、奴隷による鉱山労働、傭兵への給料支払いによる広い貨幣流通）が、帝国崩壊後の中世には貨幣を用いた商業は都市だけに限られるようになり、小規模な共同体での信用システムが中心的な交換の方法になった。その後、ふたたび現金システムが主流になるのは産業革命以降のことである。

グレーバーの議論が示すのは、交換のしくみが人間に自然に備わったものではなく、時代や地域ごとに異なる道具・方法で別様につくりだされていることである。ヤップでは石貨や交換儀礼が信用システムを形づくっていた。では現代日本の現金システムはどうだろうか。日本円の紙幣に額面通りの価値を保証しているのは法律（日本銀行法）であり、紙幣や硬貨をいつでもどこでも使えるのは日本中にATMや両替機が設置されているからである。貨幣に価値があり、それが交換には欠かせないという状況は決して自然ではない。人工的につくりだされ、手をかけて維持されているのである。じっさい、貨幣を発行する国家が信用を失い、こうした維持作業が放棄されれば、貨幣はたちまち信用を失い単なる紙切れになる。たとえば二〇〇〇年代中頃のジンバブエでは諸外国との関係悪化から財政難に陥ったが、その資金不足を補うために過剰に貨幣を発行しつづけた。結果として貨幣は信用を失い、人びとは億や兆といった高額紙幣にも見向きもしなくなった［早川　二〇一五］。

こうして貨幣の価値をつくりだし、支えるのは法律や制度、機械だけではない。先述した貨幣商品起源説のような学説もその道具のひとつである。「人間には物々交換の本性があり、その交換の困難を解消するために誕生した商品貨幣が今日の貨幣に進化した」という筋書きは客観的事実などではなく、私たちの貨幣と交換システムをもっとも進化した合理的なものに見せるための神話にほかならないのである（⇒8「国家とグローバリゼーション」における国家権力と「万人の万人に対する戦い（ホッブズ）」の関係も同様）。

このように貨幣と交換のシステムは現在も進行形でつくりだされ、また状況に応じてつくり変えられつづけている。じっさい、グレーバーによれば現代社会は現金システムから信用システムにふたたび移行しているという。国家が貨幣を中央集権的に統御する旧来のシステムが、国境を超えたグローバルな商取引の隆盛によって難しくなっていくなかで、ネット技術を活用した多くの仮想通貨が発行されるようになったのはその兆候のひとつだろう。

信用システムといっても、仮想通貨と石貨はまったく異なると思われるかもしれないが、両者はいずれも現金の媒介なしにモノが交換され、取引の記憶（記録）が公にひらかれたかたちで保存されるなど共通点も少なくない。

たとえば仮想通貨の一種であるビットコインは、モノとしての貨幣も、銀行のような仲介機関もなしに、インターネットでつながった世界中のユーザーがモノを売買できるしくみをつくっている。各ユーザーのコイン所有額や取引履歴は電子データとして取引台帳に記録されるだけなので、この台帳の正確さが生命線となる。ビットコインでは、この取引台帳を悪意あるデータ改竄から守るためにアクセス不能な場所に隠すのではなく、暗号化されたかたちでネット上に公開し、誰もがアクセスできるようにしている。あらたな取引が発生すると、その記録は特定の管理者ではなく、世界中の不特定多数のユーザーが台帳に書き込む。いかにも不正が起こりそうなものだが、じっさいにはその逆で、この書き込み作業がネット上で世界中から監視されていることで、誰が見ても納得する記録だけが「正しい」台帳として認められるようになっている（詳しいしくみは解説書〔吉本・西田 二〇一四など〕を参照のこと）。

交換参加者の範囲や用いる道具はまったく異なっているが、両者はいずれも交換に参加する人びとが協働して公的な記録・記憶を作成、維持することで、互いを信用して交換をおこなうしくみをつくりだしているのである。

本章で見てきたように、人間は交換をして生活しており、そこでは多様な貨幣が交換参加者相互のあいだにそれぞれ異なるかたちで信用を生成し、交換を可能にしていた。財布に入っている紙幣や硬貨、クレジットカード（直訳すれば信用カードだ）、スマホのなかの電子マネー、そして通帳に印字された数字……身の回りにある貨幣を見つめなおしてみよう。日常生活のなかで私たちが信用して使っている貨幣と交換のしくみが今日も更新されつづけていること、そしてそれがいくらでも別様でありうることがきっと見えてくるはずである。

（深田淳太郎）

コラム7

貨幣の多義性

貨幣や市場は、アリストテレスの時代から人びとが共同体で互いに助けあい暮らす道徳的な生活に対する非道徳的で利己的なものと考えられてきた。産業革命以降、人間が共同体から切り離され、みずからの労働から疎外されたことを論じた社会学者や経済学者も、また19世紀以降の植民地化で非西洋社会の慣習的な経済システムが破壊される様子を報告した人類学者も、やはり貨幣や市場を共同体の相互扶助システムを破壊する反社会的なものと論じてきた。

だとすると世界中のほとんどの人びとが貨幣なしには生活できなくなった現代社会では、共同体や相互扶助はすべて破壊されてしまったのだろうか。そんなことはない、ということは私たち自身の生活を省みればわかるだろう。たしかに貨幣は共同体の価値観と衝突することもあるが、貨幣の使用がすべて個人主義的で冷淡な金儲けであるわけではない。人間らしい生活と貨幣は併存するのである。

モーリス・ブロックとジョナサン・パリーは非西洋社会における事例を用いて、社会のなかでの貨幣のふるまいを理論化した［Bloch & Parry (eds.) 1989］。彼らはモノの交換には個人が短期的に儲けるための商品売買の局面と共同体の長期的な秩序維持のための交換という二局面があると考えた。たとえば町での利己的な商売において人間関係を破壊する貨幣は、村の祭礼に寄付されると共同体の紐帯を生成するというように、局面ごとに貨幣は意味を変えるのである。

これは西洋社会でも同様である。20世紀初頭のアメリカにおいて、市場でなんでも買うことができる万能の貨幣が、家庭に持ち帰られると食費や妻のへそくり、子どもの小遣いなど個別の目的に向けた貨幣に変質させられることをヴィヴィアナ・ゼライザーは論じている［Zelizer 1994］。

このように貨幣が社会的な文脈に応じて意味を変えるという枠組みは、貨幣を西洋の慣習的イデオロギーから解き放ち、社会をつくりだす可変的でダイナミックな媒介物として描きだす視点を提供した。

8　国家とグローバリゼーション——国家のない社会を想像する

国家というイメージ

子どもが自転車に乗れるようになりたいというので、自転車の練習ができる公園に連れて行っていたときのことだ。最初に行った公園では、信号や横断歩道が整備されていて、交通指導員が信号違反や逆走を取り締まっていた。親たちも、自分の子どもに規則に従うように指示し、よその子どもの違反にも目くじらを立てていた。そうやって厳しく見ているおかげで、下手くそがたくさん走っても事故が起こらないのだろう。私はそう思っていた。しかし、次に行った別の公園では、お互いに気をつけて走りましょうという以外、なんの規則もなかった。子どもたちはあらゆる方向に向かって無秩序に自転車で走り回っているように見えた。しかし不思議なことに、子どもたちはそれなりにゆずりあって走り、事故もなく楽しくやっていた。子どもたちがお互いに「なんとかやっていく」力に、私はあらためて驚かされた。

このエピソードで、私が驚いたのはなぜだろう？　そこには、秩序についての私たちの思い込みがある。私たちは、みんなを取り締まる交通指導員のような人がいなければ、社会の秩序は保たれないと思いがちだ。それぞれがそれぞれのやりたいようにやっていては、大混乱になってしまう。それを防ぐためには、みんなが従うべき規則をつくって、誰かが規則を強制しなくてはならない。そのような見方は、一七世紀の政治哲学者トマス・ホッブズの「万人の万人に対する戦い」を防ぐための国家権力という考えに、もっともよくあらわれている。私たちは、安全に生きられるのはそのような「国家」に守られているおかげだと、あたりまえのように考えている。ふだんは意識もしないけれど、国がつくった法律があって、違反を警察が取り締まり、裁判所が裁いてくれるから、私たちは安心して道を歩くことができる。

しかし、どうしても国家は必要なのだろうか？　政治を幅広く葛藤や対立の調整にかかわる活動ととらえるならば、必ずしも国家がなくてもやっていけるかもしれない。子どもたちが交通指導員なしですましたように。じっさい、文化人類学は、国家がなかったり周縁的だったりする社会について考えてきた。そのような社会は、想像を絶するほどにみなさんにとって縁遠いものかもしれない。しかし、「国家のない社会」から考え始めることは、これまであたりまえだった国家のあり方が、グローバリゼーションのなかで不確実化している現在の状況を理解するための第一歩になりうる。

国家のない社会

「国家のない社会」とは、どういう社会だろうか？　とても想像しにくいものだということは、空想の世界を舞台にしたファンタジーを見るとよくわかる。そこには数々の国があり、王がいて国を治めている。剣士や魔法使いが活躍するのは、たいていそのような世界だ。自分たちとまったく違う社会を描こうとするときでも、国があって王様がいて、という想像力の限界を超えるのはなかなか難しい。

アフリカを研究した初期の文化人類学者たちは、この限界を乗り越えるための図式と実例を提供してくれている［フォーテス＆エヴァンス＝プリッチャード編　一九七二］。彼らは、アフリカの諸社会を「政府をもつ社会」と「政府をもたない社会」に分けた。まず「政府をもつ社会」では、中心となる権力者がいて、行政や司法のしくみが発達している。たとえばザンビアのベンバ社会では、土地を豊かにする霊的な力をもつ王様がいて、国を統治していた。その下には、重要な事柄について話しあう議会があり、王の命令を実行する行政官がいた。国内の諸地域にはそれぞれ世襲の首長がいて、税を納めたり労働奉仕をしたりする義務を住民に課すとともに、住民を保護する責任を負っていた。このような、中心と周辺、上と下があるような社会は、ファンタジーの延長でイメージすることが容易だろう。

それに対して、「政府をもたない社会」はどうなっているだろう？　南スーダンのヌアー社会を見てみよう。そこには、王様のような特権的な人びとはいなかった。また、行政や司法に関して決定する力をもつ中央の組織もなかった。だから、中心と周辺や上と下のイメージでは語れない。より適切なイメージは、「枝分かれ」だ。「私たち」と「彼ら」への分割があらゆるレベルで行われ、分割された部分のあいだのバランスによって秩序はなんとか保たれていた。ヌアーは部族に分かれていて、部族は大きな地域共同体のセクションに、大きなセクションはより小さなセクションに、と次々に枝分かれして、最後にはそれぞれの家のレベルにまでいたる（地域共同体の枝分かれは、親族組織の枝分かれに対応している）。そして、私闘や盗みといった紛争があると対立する単位のあいだで解決が図られる。大きな第一次セクション間の紛争であればそのレベルで、その下の第二次セクション間の紛争であればそのレベルで、というように。だから、第一次セクション間の紛争では仲間であった二人が、第二次セクション間の紛争では敵対することもありうる。紛争では、「豹皮首長」と呼ばれる人物がしばしば仲裁役を務める。しかし、彼はあくまでも和解のためにあいだを取り持つだけで、強制的に判決を下したりできる権力者ではない。こうした点を見ると、ヌアーは政府がないにもかかわらず「秩序ある無政府状態」を保っていたといえる［エヴァンズ＝プリチャード　一九九七］。

「政府をもたない社会」は、ヌアーのような分節社会だけではない。メラネシアの多くの社会にははっきりした枝分かれは存在しないが、別の「国家のない社会」のしくみがある。そこでは、個人的能力によってのし上がる一代限りのリーダーである、ビッグ・マンがいる［サーリンズ　一九七六］。ビッグ・マンは、気前のよい贈り物によって支持者を獲得して派閥をつくる（⇒6「贈り物と負債」）。そして、支持者からの贈り物を使ってさらに新しい支持者を得て、派閥を拡大していく。部族内の政治は、このようなビッグ・マンどうしの競争によって成り立っている。しかし、外部に対して気前よくふるまうために多くを要求すると支持者は離反してしまうので、ビッグ・マンの権力には限界がある。彼は、政治的地位を継承できるポリネシアの首長のようになることはない。これらの例を見ると、「国家のない社会」のさまざまな可能性を少しずつイメージできるようになるだろう。

もしかすると、「国家のない社会」は「まだ」国家のない、遅れていて不完全な社会だと感じるかもしれない。この見方に対してピエール・クラストルは、南米先住民社会の比較研究にもとづいて、それらはむしろ国家の発生を積極的に妨げようとする「国家に抗する社会」なのだと主張した〔クラストル一九八九〕（⇩9「戦争と平和」）。そこでは集団は、首長の権力を否定して、命令する／される関係ではないことをくり返し思い出させようとする。こう見ると、「国家のない社会」は、国家を拒否し「生き方」として平等性を選び取った社会として見えてくる（⇩6「贈り物と負債」）。

国家とその周辺

国家が「ない」か「ある」かだけが問題ではない。国家と呼べるものがあるにしても、それがどのようなものかは大きく異なることもありうる。私たちは、国境に囲まれた領土を均質に統治するという領域国家のイメージで国家を考えている。国境線の内側であれば、北海道でも九州でも東京と同じ決まりが通用すると、誰でも期待しているだろう。でも、そういうものとは限らない。過去の東南アジアの王権では、大小さまざまな多くの「くに」が並立し、朝貢・従属関係によって互いに星々の集まりのように結びついていた。この結びつきはとても流動的で、中心的な「くに」が弱体化すると別の中心があらわれた。また、中心の影響力は周縁では薄れて消えてしまう、ぼんやりとしたものであったという。スタンレー・タンバイアは、このような政体を指して「銀河系的政体」と呼んでいる［Tambiah 1973］。

このような構図のなかでは、中央に位置する国家は、実質的な権力をもつというより、模範となる世界観を上演する存在にすぎないかもしれない。クリフォード・ギアツによると、一九世紀のバリでは、国家（ヌガラ）は村々を支配する力などもっていなかった［ギアツ　一九九〇］。村々は、目的に応じてつくられたいろいろな団体をとおして、自主的に運営管理されていた。たとえば、灌漑《かんがい》のことであれば、水利組合で話しあっていた。国家に頼らず自分たちのあいだで問題を解決するという点で、バリの村々はむしろヌアーのような「国家のない社会」に似ている。では、国家は何をしていたのだろう？　ギアツによると、バリの諸王国がとくに力を入れたのは、よりヒンドゥーの神々に近い高貴な家系（その中心には国王がいる）ほどより模範的な存在であるというヒエラルキー的な世界観を、大がかりな儀礼のなかで上演することだった。村人たちも、観客としてこのような世界の見方をつくりだすプロセスにかかわっていた。このような「劇場国家」を見てみると、国家が必ずしも私たちが思うような統治の力をもっているわけではないことが見えてくる。

このような政体の周辺では、中心を模倣しようとする力と「国家のない社会」へと向かう力がせめぎあっている。エドマンド・リーチが研究した、シャンの王国の周辺に位置するビルマ（現ミャンマー）の高地に住むカチンの村々には、グムサ型とグムラオ型という二つのタイプがあった［リーチ　一九八七］。

世襲的な貴族がいてヒエラルキー的なのがグムサ型で、身分格差がなく平等主義的なのがグムラオ型だ。グムサ型の村の首長は、より強い権力をもったシャンの王のようになろうとその生き方を模倣する。しかし、首長の強権は下位の人びとの反感を引き起こし、彼らは平等なグムラオ型の社会を求めて「革命」を起こす。しかし、グムラオ型のカチン社会では競争が生まれ、ふたたび階層的なグムサ型へと向かう。こうして、両極端のあいだを振り子のように行ったり来たりゆれ動きながらも、カチン社会は「国家のない社会」でありつづけていた。ジェームズ・スコットによると、東南アジアの山岳地帯だけでなく、世界中で多くの少数民族が、同じように国家の統治を逃れて周辺部で「国家のない社会」を維持していた［スコット　二〇一三］。

これらの事例を見ていると、私たちの国家の見方はかなり狭いものだったと気づく。国家は周辺に行くにつれて影響力を失うようなぼんやりしたもので、中心の影響力は言うことをきかせる力というより模範となる世界観を見せる力であり、周辺は中心の模範に引きつけられながらも自律的な「国家のない社会」の性格を保っている。これもまた、国家の姿としてありえるのだ。

国民国家というモデル

「国家のない社会」とか異なる国家のとらえ方について聞くと、とても奇妙な感じがする。どうしてそんなしくみがありえるのだろうか、と。それは、私たちが特定の政治システムをあたりまえと考えているからだ。ここで当然視されているのは、たんに領域国家というだけではなく、国民国家という考え方だ。オリンピックで自国選手が勝ったときに感じるように、多くの人は国民としての「私たち意識」を自然ともっている。「私たち」は「彼ら」と違っていて、「私たち」の誰かの勝利は私の勝利でもある。だから、自国の大企業が売り上げ世界一になったと聞いてまったく縁のない私が喜ぶように、内部にある差異よりも共同性をより強く感じる。さらに、国境によって囲まれた自国を、人のものではなく「私たちの国」だと感じる。私たちの国の行方を決めるのだから選挙に行かないと、というときのように。あるいは、交通違反をしている人を見て、自分の国の法律なのだから守れよ、と憤慨するときのように。

私たちは、まったく自然にこれらの感情を「感じる」ことができる。しかし、ベネディクト・アンダーソンは、国民という「想像の共同体」は、新聞が流通して人びとがニュースを共有するようになったりした結果として、歴史的にあらわれてきたものだと指摘している［アンダーソン　二〇〇七］。逆にいうと、以前はそのような想像力はなかったということだ。かつて民衆は、先に挙げたような「国民」としての感情を抱くことがなかったという［ホブズボーム　二〇〇一、牧原　一九九八］。国は支配者たちのものであるとみなされていて、民衆は「私たちの国」だという当事者意識をもっていなかった。だから、大規模な戦争のために民衆を動員する必要が出てきたときも、他人ごとに思える戦争に駆り出される徴兵に多くの人が反発していた。そのような状態からはじまって、参政権の付与や学校教育をとおして、だんだんと国家と自分を同一視して「私たちの国」と感じる感情が生まれてきた。またその過程には、国民が共有するとされる「私たちの」言語・歴史・文化が、ずっと存在してきた伝統として「発明される」プロセスが大きな役割を果たしている［ホブズボウム&レンジャー編　一九九二］。

こうして生まれた国民国家は、遅れて登場した国々がめざすモデルとなった。植民地支配を脱して独立しようと戦った人びとは、分割され統治されていた人びとからひとつの国民をつくりあげようと試みた。しかし、それは簡単なことではなかった。疑似的血縁関係、人種、宗教、言語、地域、慣習などの、国民より小さな単位への「原初的愛着」が、国民としての感情と相反する関係にあったからだ。ギアツは、当時の新興国の問題を、このような「原初的愛着」と国民意識のあいだの葛藤として描いている［ギアーツ　一九八七］。あまたの民族や言語が混在する社会においてモデルどおりの国民国家を実現するのは、しばしば困難だった。しかしそれでも、二〇一九年の時点で一番新しい独立国である南スーダンにいたるまで、現実はどうであれ少なくとも「あるべき姿」として国民国家は思い描かれている。

グローバリゼーションと国家

しかし、私たちがそう思いがちなように、国民国家は究極のかたちなのだろうか？　もうほかには可能性がないのだろうか？　アルジュン・アパドゥライは、国境を超えるさまざまなフロー（人びと、メディア、資本、テクノロジー、イデオロギー）によって、国境に囲まれた国のなかに単一の国民が住むという国民国家の想像力は不確実になってしまったと論じている［アパデュライ　二〇〇四］。とりわけ、儲かる投資先を求めて世界中を動き回る金融資本のせいで、それぞれの国家が自国の経済をコントロールしているという感覚が失われてしまった。もう国家が自分たち国民の生活を守ってくれないのではないかという不安が広がっている。このような不安は、一方で国民国家への執着とマイノリティへの暴力を生みだしている［アパドゥライ　二〇一〇］。しかし同時に、国家の枠組みに収まらない人びとの新しい生き方をさまざまなかたちで生みだしてもいる。現在の人類学は、こうしてあらわれつつある世界をとらえようと試みている。

たとえば、人権、貧困、先住民の権利、災害援助、環境正義、ジェンダーの平等など、さまざまな問題に取り組む非政府組織（ＮＧＯ）が生まれ、しかもそれらのＮＧＯは単独で行動するのではなく国境を越えたネットワークをかたちづくっている。アパドゥライは、このようなネットワークの発展を「草の根のグローバリゼーション」と呼んでいる。これらのネットワークは、一国内にとどまらないグローバルな公正を実現するために抗議行動を組織するだけではなく、地道に状況改善のための運動を行っている。ムンバイのスラム住民による生活改善運動は、そのひとつだ。そこでは、タイプの異なる団体（都市貧困問題に取り組むＮＧＯ、貧しい女性による組織、男性スラム住民組織）が連携して、政府と交渉しながら自分たちで住環境の改善に取り組んできた。しかし、人びとはたんにローカルな実践をしているだけでなくて、スラム住民団体の国際的なネットワークに加わって、トランスナショナルな連携をとることによってよりよい活動をめざしている。こうして彼らは、国民国家の枠組みに限定されない国境なきデモクラシーを実現しようとしている。

しかし、そのような「いい話」だけではない。ＮＧＯの活動をとおして生活を改善するよりも、インフォーマルな手段に訴える人びともいる。たとえば、アフリカのチャド盆地では、構造調整のあおりを受けて食い詰めた人びとが国境地帯に集まって、盗賊や密輸などの違法な商売を行うようになっている。しかし、彼らは自分たちのやっていることを、国の法律では違法だが道徳的には不正でない、路上の法が支配する世界としてとらえている〔Roitman 2004〕。また、社会主義崩壊後のロシアの地方都市では、混乱のため公共の交通機関が停止してしまった。その状況をなんとかするために自分の車を使ってバス稼業をする人たちがあらわれ、独自の規則を備えた自主的なバス路線へと発展した。そこにマフィアも絡んで、当局も介入が難しい領域となったという〔Humphrey 2007〕。

これらの人びとも、ムンバイのスラム住民と同様に、自力で苦況を切り抜けようとしている。しかし、市民運動によってではなく、国家から違法ととらえられる手法をとっている点では異なっている。このような実践はグローバリゼーションとともに始まったわけではないが、国民国家の確かさが疑われるようになったおかげでよりはっきりと見えるようになってきた。現実には、国家は主権を独占しているわけではない。コミュニティからギャング組織にいたるさまざまな集団が「部分的主権」を保持していて、それらが折り重なって対抗しあったり共存したりしているのだ。この状況は、消えていくどころか世界的により顕著になりつつあるのかもしれない〔Comaroff & Comaroff (eds.) 2006〕。

「草の根のグローバリゼーション」の例も「部分的主権」の例も、すぐに「国家のない社会」や国家の周縁についての人類学の古典的な議論を思い起こさせるだろう。そこで論じられていた社会とどこかで似ている「何か」、国家についての私たちの想定を超える「何か」が、あらわれつつあるのではないだろうか？　それでは、両者はどのような点で似ているのだろうか？　そして、どのような点で異なっているのだろうか？

人類学が過去に扱ってきた多様な政治のあり方は、自分たちには関係のない遠い話のように聞こえたかもしれない。しかし、私たちが確かだと思っている「国民国家」だって歴史的にあらわれたものだし、現在その確かさはゆらいでいる。私たちは、別の政治のあり方をいやでも想像しなくてはならなくなっている。こうした状況において、国家についての人類学のアプローチは、現在の可能性をより幅広く考えるための手助けになる。インドやチャドやロシアといった遠くの社会だけではなく、身の回りにも考えるヒントはある。自然災害で行政が機能しなくなったとき、あるいは教師が休みで自分たちだけで何かを決めなくてはならなくなったとき、私たちはどうやっているだろうか？　おそらくそこにも、何かしら人類学めいたものがある。このように考えれば、ふだんは気づきもしない別の可能性をはらみながら、私たちの日常が流れていることが見えてくるだろう。

（中川　理）

コラム 8

フーコー権力論と人類学

権力というと、無理にでも人を従わせる力をまずイメージするだろう。私たちが好きにやろうとしても、法律にふれたら警察に捕まってしまう。それが国家の権力だ。8章では、その意味での権力に注目して、国家によるその独占はあたりまえでないことを見てきた。だが、哲学者ミシェル・フーコーは、それとは異なる働き方をする権力があると指摘した。たとえば、一点からすべての囚人を監視できる刑務所（パノプティコン）を考えてみよう。「見られている」と感じる囚人は、強いられなくても自分の行いを正すようになる。このように、法の強制（司法権力）によらずに人の行いをコントロールする力が、もうひとつの権力のあり方だ。フーコーは、このような権力のタイプとして、刑務所、学校、病院といった施設をとおして個人に介入する「規律権力」と、統計をとおして集団の状態を管理する「調整権力」を考えた［フーコー　2007］。

このような権力は、私たちの身近にさまざまなかたちで広がっている。競争原理の導入によって人の行いをコントロールしようとする新自由主義政策は、そのひとつだ。たとえば、学区の自由化によって学校どうしを競争させ、結果としてより効率的な学校経営が行われるように導いていく、というような場合だ。しかし、このような新しい統治の技法が、これまでのものに全面的に取って代わるわけではない。アイファ・オングは、新自由主義政策をとるアジア諸国のなかにも上に挙げたような異なるタイプの権力が働く複数の領域が共存しており、それらがお互いに結びつきながら作用していることを示している［オング　2013］。

法的なものだけでない権力の広がりのなかで、人びとが自力で生き方を見いだしていく力は失われてしまうのだろうか？　田辺繁治は、タイのエイズ自助グループが、国家による統治のなかでそれでも自己統治を行おうとする様子を描いている［田辺　2008］（⇒ 12「ケアと共同性」）。万能の権力を想定するより、こうしてフィールドから、権力の作用とそこからはみだす人びとの生き方について具体的に考えていくべきだろう。

9 戦争と平和——人はなぜ戦うのか

戦地に生きる人びとの近傍から

「人はなぜ戦うのか」と授業で尋ねると、大学生の多くは「相手を支配するため」や「敵の財産を奪うため」と答える。政治学や国際関係論も基本的には彼らと同じ視点から、つまり各国が政治的・経済的な国益を追求する過程で生じる出来事として戦争をとらえる。もちろん、他のすべての社会現象と同じように、権力や富を求める人間と組織の意志は戦争の発生や展開に大きな影響を与えているだろう。だが戦争の特徴とは、むしろそれらの要因には還元できない行動が頻繁にみられることかもしれない。仲良くしていたほうが得るものが多いはずの相手を攻撃する、目的達成の観点からすれば過剰に思える暴力をふるう、殺戮《さつりく》の対象であるはずの敵の命を救うといった報告が、多くの戦地からもたらされているからだ。

戦地に生きる人びとの経験や声に向きあいながら研究を進める人類学は、他の学問分野ではとらえきれない戦争の特徴を検討するのに適した学問である。戦争を遠く外部から眺めて分析する学問分野においては、権力や富の追求といった要因に還元できない現象は研究者が定めた大きな網目の分析枠組みからこぼれおちてしまうからだ。一見ささいに映る現象のなかには、現代の戦争を理解するうえで重要な内容がふくまれている可能性もある。戦争は国家の軍隊間でなされる武力衝突と定義されてきたが、一九九〇年前後から激しい内戦が各地で頻発したことで、国家以外の組織が戦いの担い手として注目されるようになった［カルドー 二〇〇三］。これらの組織やその成員のふるまいは、国家の行動には該当した「権力や富の追求」という説明をあてはめても、理解が困難な側面が残る。本章では、国家間戦争以外の戦いをおもな対象としてきた人類学の研究蓄積を紹介することで、戦地に生きる人びとの近傍からとらえた戦争と平和の姿を示そう。

戦争と近さ

グローバル化の進展により、少なくとも経済面では世界が一体化しているのに、なぜ世界には暴力が絶えないのか。互いに孤立ないし対立していた集団間につながりが生じて関係が深まることで、平和的な共存への道がひらかれるという推測も成り立つはずだ。

近年の内戦では、隣接してくらす「近い」集団どうしがしばしば戦っていることもその理解を難しくしている。アルジュン・アパドゥライは、冷戦期には資本主義と共産主義との対立のような「重大な違い」が戦争の争点だったが、今日の暴力現象の背後にあるのは「ささいな違いについてのナルシシズム」だと述べる［アパドゥライ　二〇一〇］。たしかに外部者の視点からは、同一宗教内の宗派間の区別や隣りあってくらす民族の慣習のずれは、たいした意味がなさそうに見える。なぜ互いの共通性にではなく、「ささいな違い」にこだわり殺しあいまでしてしまうのか、という問いは、素朴だが原理的な問いでもある。

じつは、人類学者が南アメリカやメラネシア、東アフリカの「国家なき」社会を対象とした研究で明らかにしてきたのは、人間集団がしばしば「近い」存在と戦うことだった。これらの地域では集団間の境界は緩やかで流動的である。異なる集団の成員は交易をおこない、友人関係や通婚関係も形成している。友好的なつながりが広がっているのになぜ集団間に暴力的な衝突が発生するのか、という謎への答えを人類学者は探求してきた。

ピエール・クラストルは、アマゾンの先住民社会を対象にしてこの問題を検討した［クラストル　二〇〇三］。彼は、戦争を集団間で平和的な交換が失敗したために起こるものととらえるレヴィ＝ストロースの議論を批判する。クラストルによれば、交換を続けると集団間の関係は深まり、最終的には異なる集団がひとつの集団に統合される。その結果、各集団の独立性は失われてしまう。また、集団の規模が大きくなることで成員間に命令と服従の関係が生じやすくなり、それがひいては国家という権力機構をつくりあげてしまう。各集団が自律的な存在でありつづけるためには、そして集団の成員が対等な存在として生きつづけるためには、戦争を起こして相手集団との関係を一時的に断ち切ることが必要なのだと彼は説く。やや極端な解釈にも思えるが、戦争を「近い」存在との違いを示し、相手集団とのあいだに一線を引くための営みととらえることで理解が深まる事例は、他地域からも報告されている。そのひとつがニューギニア島にくらすマナムブ人の集団間関係だ［Harrison 1993］。この事例は、近代政治思想の出発点となったトマス・ホッブズとは対照的な人間観や秩序観が見られる点でも興味深い。ホッブズによれば、ヒトは自然状態では自己保存のために暴力の行使を辞さないので、平和の維持のためには暴力を独占する国家の存在が不可欠である（⇒8「国家とグローバリゼーション」）。一方、マナムブ人はヒトを生まれながらに社交的な存在と考えており、じっさいに彼らは異なる集団の人たちとも親密な関係をつくりあげる。だが、各人が関係を深めれば深めるほど集団間の区別は曖昧になる。そこで、彼らは武器となる槍を手に船団を組んで隣接集団のもとへ向かう。戦うことをとおして自他の境界をつくりだすためである。

東アフリカからは牧畜民サンブル人とその近隣の二集団、ポコット人やトゥルカナ人との関係に注目しよう［ホルツマン　二〇一六］。二〇世紀初めからポコット人とのあいだには戦いが起きてこなかったが、サンブル人は彼らを信頼がおけない相手として軽蔑的に語る。一方、トゥルカナ人は今日まで戦いを重ねてきた大敵だが、真の友人にもなれる人びとだとサンブル人は評価する。深い仲を築ける相手とは相互理解に達することで平和が維持され、つねにその真意を疑わざるをえない相手とは対立が生じやすそうにも感じられる。だがサンブル人は、友人になれる「近い」存在だからこそ戦いにいたるほどまで関係が悪化しうるし、表面的なつきあいしかできない存在とは正面きっての衝突を避けられると考えているわけだ。

以上の事例に共通しているのは、近しい関係があるのにもかかわらず戦うのではなく、近しい関係があるからこそ戦う意味がある、あるいは関係が「深まりすぎてしまうから」戦わざるを得ないと人びとが認識していることだ。この認識は、私たちの戦争観をつよく規定する近代の国家間戦争の観点からは奇妙に映る。国家間戦争に動員された個々の兵士にとって、敵国の軍隊とは戦争がなければ対峙することのなかった、自分たちとは居住地域や慣習が大きく異なる人びとの集まりである。そのような「遠い」存在だからこそ殺すことができるし、殺すことを容認できる、というわけだ。だが本節で紹介した集団の成員にとっては、自身の生活やアイデンティティに直接的には関係をもたなかった相手と殺しあいをする理由こそ理解が困難だろうし、逆に近年の内戦で人びとが「近い」相手と戦う理由は納得できるものかもしれない。

動員と暴力

人類学の研究蓄積からすれば、「近い」存在と戦うのはとくに珍しいことではない。ただし、近年の内戦と「国家なき」社会における戦いとのあいだには、大きな違いがあることを急いで付け加える必要がある。たとえば、近年の内戦では、異なる集団はしばしば殲滅《せんめつ》すべき固定的な実体として語られ、じっさいにジェノサイドの対象とされることもある。それに対して、「国家なき」社会では、「敵」とはあくまでも一時的で文脈依存的な範疇として認識されている。そのため、相手集団を世界から抹消しようという発想は生じにくいし、より多くの敵を殺すこと自体が目的化されることも少ない。

もうひとつの重要な違いは、動員の主体をめぐる違いだ。クラストルが対象とした社会では、人びとに「戦え」と命令する者はいない。戦いに行くかどうかは、基本的に個々の成員が決める。だが、近年の内戦の背景には冷徹なエリートの存在が見え隠れする。ここでいうエリートとは、「われわれ」と「彼ら」の違いを誇張ないし捏造し、「彼ら」の危険性を煽り立てることで人びとを暴力へ駆り立て、その陰で自身の政治的影響力を強めたり私財を蓄積したりする人たちのことだ。ただし、エリートの動員力を過度に重視する視点は、「ふつうの人」をエリートのことばを妄信して戦争に向かうだけの存在に貶めてしまう。一方、「ふつうの人」も戦争から得られる経済的な利益を期待して暴力を行使しているのだ、と論じる経済学者がいる。「ふつうの人」は、一方ではエリートにそそのかされる愚かな客体として、他方ではエリート同様に私益のために暴力を利用する貪欲な主体として、描かれているわけである。

これらのシンプルな行動選択モデルに対して、「ふつうの人」が略奪や殺戮に関与した一筋縄ではいかない理由を浮かびあがらせてきたのが、戦闘員の民族誌とでも呼べる研究群だ。人類学者や一部の政治学者は、内戦中や内戦終結後に戦いの現場に赴き、「ふつうの人」が「加害者」となるにいたった動機や経緯の分析を重ねた。

アフリカ大陸で一九九〇年代に発生し世界に衝撃を与えたのが、ルワンダ虐殺とシエラレオネ内戦だった。ルワンダでは、フトゥ人の急進派が中心となり一九九四年四月から七月に五〇万人以上のトゥチ人らを殺害した。虐殺のおもな原因とされたのは、植民地時代から醸成されてきた民族間の嫌悪や恐怖がエリートの煽動により爆発したことだった。だが虐殺参加者への面接調査によれば、虐殺前にトゥチ人一般へ否定的な感情を抱いていた者は少数だった。ではなぜ戦闘部隊に加わったのか。一部の人は、居住地域に迫りつつあると噂されたトゥチ人率いる反政府勢力から村を守るために、別の一部の人は近所に住むトゥチ人への私怨を晴らすために、みずから部隊へ入った。他方、村の顔見知りから「協力しないとおまえが敵とみなされるぞ」などと警告されて加入した人も多い。つまり、各人が個別具体的な生活や人間関係の事情を考慮しながら暴力に加担していったのだ［Fujii 2009］。

反政府組織ＲＵＦ（Revolutionary United Front）による残虐な暴力行為が多発したシエラレオネ内戦の研究では、ＲＵＦをダイヤモンド盗掘を目当てにした犯罪者集団とみなす議論がさかんになされてきた。だが（元）戦闘員への聞き取り調査は、盗掘による利益は内戦が続く過程で事後的に生じた誘因でしかないことを示した。それならば若者がＲＵＦの一員となったもともとの理由はなにか。シエラレオネの農村では一部の年長者が多くの権益を独占し、若者には自立的な生活を送るための生計手段がなかった。政治の腐敗により教育の機会は奪われ、都市で雇用される見込みも薄かった。それに対して能力主義的な組織構造を採用したＲＵＦでは、若者が年長者より上の役職に就くことが珍しくなかった。ＲＵＦは一部の地域では学校教育や医療を無償で提供したこともあった。内戦前と比較したときのこの生活のギャップと役割の逆転こそが、若者をＲＵＦにひきつけたのである［Peters 2011］。

このように、人びとが戦いに身を投じた理由を当人がおかれた社会的文脈に沿って理解を進めることは、人類学が得意とする分析手法である。ただし、戦闘部隊に加入した際の状況だけを検討しても、なぜ彼らの一部がその後、四肢切断や大量殺戮などの凄惨な暴力行為へ積極的に従事したのかは十分に説明できないことが多い。たとえば、一九七〇年代にカンボジアで発生した大量殺戮に参加した者の多くは、最初の殺人を犯したときにはつよい心理的抵抗を感じていたからだ［Hinton 2005］。人びとが過剰にも映る暴力に手を染めていった経緯を考察する際には、暴力が最初にそれを生みだした文脈から離れて、みずからを自律的に再生産していく傾向をもつ点に注意を払う必要があるだろう［Feldman 1991］。ルワンダの虐殺参加者は、一度殺人を犯すと感情が高揚してますます暴力的な行動をとるようになり、他の人間にも殺人を強制するようになっていったと戦後に告白する［Straus 2006］。彼らは、ひとたび暴力を行使したことが契機となって暴力のスパイラルに絡めとられ、そこから自分の身を引き剝がせなくなっていった体験を語っていると考えられよう。

私たちは、自分の家族や友人がさまざまな思いを同時に抱え、心理的な葛藤を経ながらある行為の選択をしていること、そして一度なした選択がときにその後の人生を予想外に大きく規定してしまうことには、思いをはせることができる。だが、遠い他者、とりわけ暴力に加担した見知らぬ人の行為選択を、単一の動機に突き動かされたものとして説明されると、「自分とは違う価値観をもった存在がやったことなのだ」と簡単に納得してしまいがちだ。戦闘員の民族誌は、「ふつうの人」がモノを奪い人を殺した経緯を「感情の爆発」にも「冷徹な貪欲さ」にも還元できないものとして描きだすことで、「同じ状況におかれたら自分は奪わずに、そして殺さずにすむだろうか」と想像してみるよう、読者を促すのである。

日常性と秩序

戦闘員がいなければ戦争は起こらない。しかし、戦闘員だけに着目していては戦争の全体像をとらえそこなう。内戦下でのくらしを長く強いられることになっても、多くの人は略奪や殺人に手を染めることなく生きていくからである。そうだとすれば、「人はなぜ戦うのか」を問う際には、「人はなぜ戦わないのか」、また「人はなぜときに暴力の拡大に抗う行動をとるのか」という問いを同時に提起する必要があるだろう。本節では後二者の問いに対する答えを、戦時下の生活を記した研究のなかに探ってみよう。先にまとめてしまえば、自分たちの生きる空間が暴力の論理に支配されるのを拒むため、そして自分たちの生活を自分たち自身で秩序づけていくため、というのがその答えになる。

激しい戦いが交わされた地域に隣接する地域が戦火から免れることは、時代や地域を問わず頻繁にみられることだ［Kalyvas 2006］。この違いは単なる偶然の結果でしかない場合もあるが、当該地域にくらす人たちの日常的な営みの積み重ねが平和の維持を可能にしたこともある。ケニアでは、二〇〇七年の大統領選挙後に各地で武力衝突が発生し多くの死傷者が出たが、首都ナイロビのカンゲミ地区は平穏を保った。過去の紛争時に暴力にまきこまれた経験を活かした住民が、パトロール隊を結成して地域の治安を維持する活動を自発的におこなったからである［松田 二〇一三］。ナイジェリアの都市ジョスでも、二〇一〇年にエリートの対立に起因する大規模な衝突が発生した際、キリスト教徒やムスリムのリーダーらが、横のつながりを活かしながら、人びとに平和の重要性を訴えることで、ある地域では暴力が予防された［Krause 2017］。集合的な暴力はひとたび発現するとすぐに抑えこむことは難しいが、戦前から地域社会で培われてきた諸条件によって、その無際限な拡大が押しとどめられることもあるのだ。

居住地域が戦闘部隊の統治下に入ると、従来の生活をそのままのかたちで続けることはできなくなる。「アフリカの殺戮場」といわれるほど激しい暴力がふるわれたモザンビーク内戦では、町が占領されると最初に殺害の対象となるのは「相手勢力への奉仕者」とみなされた学校や病院などの関係者だった。そのため、彼らは部隊が進軍してくると町から逃亡せざるを得ないのだが、ある女性の医師は町の近くにとどまった。そして、診療所から持ちだした薬や医療器具を駐留軍の目が届きにくい場所に埋め、その場を訪問してくる住民の診療を続けた。彼女は、過去から連綿と続けられてきた「病人のケアをする」という基本的な生の営みを続けることで、暴力により無秩序化する世界に秩序を打ち立て、自分たち自身で生活を管理しているのだという感覚を保ったのである［Nordstrom 1997］。

「自分が殺すか、自分が殺されるか」という事態に直面しても、戦いが始まる前から保持してきたモラルにのっとって暴力から距離をおきつづける人の存在は、多くの戦地から報告されている。前節でふれたように、ルワンダでは虐殺部隊への加入を断ることでその人自身が「敵」とみなされ、暴力の標的とされる可能性があった。しかし、いくら部隊への参加やトゥチ人への攻撃を命令されてもそれを断り、トゥチ人を匿ったり逃亡の手助けをした人が一定数存在した。暴力を拒否したことの理由を戦後に問われた彼らは、「その人たちは悪いことをしていなかったから」［Straus 2006: 146］、「みなが生きる権利をもつべきだから」［Fujii 2009: 168］と語る。「われわれ」と「彼ら」を二分化するエリートの試みは、動員の現場でも持続する日常性のモラルによって、その実現を阻まれているといえよう。

もっとも、多くの人にとって戦争開始前のモラルを戦時下でそのまま保つことは困難だし、彼らが暴力を評価する視点もゆれ動く。ユーゴスラビア内戦時に、三年以上にわたり武装勢力に包囲された生活を送ったサラエボ市民には、戦争に対する三つの認識モードが存在していた。戦争を既存の社会規範を崩壊させるものととらえる「文民」モード、戦時中の暴力は正当化されると考える「兵士」モード、戦争が定める敵と味方の区分に無頓着になり、自分が成した選択に道徳的責任を負おうとする「脱走兵」モードである。モード間の移行が単線的に進むわけではないが、戦時下での経験を重ねるにつれて「脱走兵」モードが人びとのあいだに現れてくるのだという。そこには、「兵士」モードが支配する暴力が荒れ狂う世界において、自身の行動を自身で律することによって、人間性を少しでも取り戻したいと願う人びとの思いが反映していた［Maček 2009］。

ニュースで長期化した内戦の話を聞くと、平和をつくりだすことができるのは国連などの外部組織だけだ、と感じる人が多いかもしれない。戦争が続くのは、地域の人びとが「平和の尊さ」を理解していないからであり、彼らに「平和教育」を施すことが必要なのだと唱える人もいる。だが、戦時下の生活を描いた民族誌をひもとくと、人びとの暴力を制御する力や生活に秩序をつくりだす創造性に、読者はむしろ圧倒されてしまうだろう。そして、彼らが戦時下で日々重ねてきた問題への対処のあり方や暴力に対して抱いた思いのなかにこそ、平和を定着させるための基盤が存在していることを、それらの著作は教えてくれるのである。

他者の暴力から私たちの暴力へ

ここまで言及してきた研究は、戦争とは「権力や富の追求」だという説明からこぼれおちる現象に焦点をあてることで、戦地に生きる人びとの姿を部分的にではあれ、想像可能なものとしてくれる著作である。だが、人類学者による戦争研究の意義はそれだけにとどまるものではない。

スリランカ内戦下を生きた人たちの苛烈な経験を綴ったヴァレンティン・ダニエルは、みずからの著作の副題を「暴力の民族誌」ではなく「暴力の人類誌」と名づけた。暴力とは特定の民族や宗教とセットになって存在しているものではないこと、おもな読み手となる西洋諸国の住民が暴力を克服した社会に生きているわけではないこと、暴力とはすべての人が向きあわなければならない人間の条件を構成するものであることを、はっきりと示すためであった［Daniel 1996］。

幸いなことに、第二次世界大戦後の日本は戦争という大きな暴力の現場にはならなかった。だがダニエルの指摘に従うならば、私たちの生活空間にも大きな暴力へといたる徴候がどこかで見え隠れしているはずであるし、戦争のようには目立たないが、人びとの日々の生活を蝕む差別や貧困などに由来する「日常的暴力」（⇒コラム9）がそこかしこに現れているはずだ。たとえば、「○○をこの国から追い出せ」といった言辞を連ねるヘイトスピーチは、しばしば同じ国で長くくらし、すでに日常生活をともにしている「近い」存在を標的とする点で、近年の内戦における「敵」を同定する論理と共通している。ヘイトスピーチは、標的とされた相手に「心の傷」を負わせるだけではない。つよい差別意識をもたない人であっても、憎悪を煽る感情的なことばをくり返し耳にしているうちに、当初は感じていたはずのそれらの表現に対する抵抗感が弱まっていく。このように他者の存在を貶める言説に「ふつうの人」が慣れてしまうことが、マイノリティへの襲撃事件などを生む温床になる。事件が起きたとき、「ふつうの人」は直接には暴力をふるっていなくても、他者の排除を容認する空気を醸成したという点では、その暴力に無関係とはいいきれない。また、「敵」を憎んでいたわけではないのに結果としてルワンダ虐殺に加担してしまった人がいたように、そのような空気が支配的となった社会状況のもとでは、つよい差別意識を抱いていない人が実際に暴力を行使する主体となる可能性は十分にある。

それでは、「ふつうの人」が暴力の加害者にも被害者にもならないためにはどうすればいいのだろうか。モザンビークやスリランカなどの内戦の現場に居あわせ、前線に生きる人びとの生きざまを描いた人類学者は、暴力に対峙して平和をつくる人びとの創造性には、特定の場所や集団を超えた共通性が見いだせると指摘する。それは、彼らが戦時下での直接経験にもとづいて「暴力の本質と文化」を理解することで、暴力を飼い慣らす術を編みだしてきたからだ［Nordstrom 1997］。彼らの経験と声が詰めこまれた「暴力の人類誌」は、私たちの内側に潜む暴力への気づきをもたらし、またその暴力へいかに対処すればよいかの手がかりを与えてくれる著作としても、読むことができるのである。

（佐川　徹）

コラム 9

日常的暴力と日常的平和

平和学の第一人者であるヨハン・ガルトゥングによれば、平時の社会生活にも暴力が存在している［ガルトゥング　1991］。ただし、ここでいう暴力とは身体に傷害を加える意図的な行為に限定されるものではない。人が、より望ましい人生を送るために必要な選択肢を狭める社会構造や価値観——たとえば差別や貧困、またそれらを正当化する言説——も含めて、暴力ととらえるのである。戦争で行使される物理的暴力は目につきやすく、その存在は容易に確認できる。一方、ガルトゥングが指摘する暴力は、日々の行為や言動のなかに「あたりまえのこと」として織り込まれているのが厄介である。自分が意識しないままにその対象とされたり、またそれを行使する主体になってしまうからだ。

このような暴力を「日常的暴力」と呼びながら主題化した民族誌が、『涙なき死』［Scheper-Hughes 1992］である。ブラジルの貧民街のくらしを描いたこの著作では、子どもが貧しさのために次々と亡くなっていくこと、そして子どもの母親を含めた地域の人びとが、「赤ちゃん自身が死を望んでいたのだ」とその悲劇を容易に受容してしまうことのなかに、「日常的暴力」の作用を読みとっている。

暴力が日々の生活で行使されているならば、その暴力に抗するための日常的な営みを平和実践と呼ぶこともできるのではないか。『平和の人類学』において、平和とは「他者と共に生きられる関係性をつくっていくこと」であり、また「他者と共に生きられる条件をつくっていくこと」だと定義されている［小田・関編　2014］。この観点からすれば、差別を助長し「他者と共に生きる」ことを困難にするヘイトスピーチに抗する営みも、平和を実現する実践として位置づけられることになる。

このような暴力や平和のとらえ方は、ことばの意味内容を過度に広げてしまっているとの批判もできようが、私たちの日常生活の成り立ちを根底から見つめなおす視座をもたらしてくれる点に、その積極的な意義を見いだせるだろう。

あらたな共同性へ

子どもの髪を結うおばあさん（エチオピア）

III

10　子どもと大人――私たちの来し方、行く先を見つめなおす

自己の成り立ち

「本当の私は何をしたいのだろう?」。大学入試や就職活動に直面してこんな問いに悩まされている人、かつて悩まされた人は少なくないだろう。こうした悩みをもつことは、青年の特権である。そもそも生まれたときには、そんな問いを発する「私」が存在しているかどうかさえあやしい。それがいつしかはっきりとしたかたちをとりはじめ、ついにはこんな悩みにとらわれるようになるのだ。このように、社会のなかでさまざまなことを考えたり感じたりする主体を「自己」と呼ぶ。自己は、みずからの行為を選ぶ主体である(＝主体性を発揮する)とともに、社会・文化的に育まれる(＝社会化される)。この章では、人の一生の時系列に沿って、まず社会を構成する自己の成り立ちについて、次に社会の一員として働くということ、さらに次代の社会を担う子どもを育むことについて考える。これはあなた自身の来し方、行く先を見つめなおすことにつながるだろう。

自己の成り立ちについての議論を切り拓いたのは子どもの発達研究である。赤ちゃんとその周囲の人

びとのかかわりを丹念に観察すると、自己が現れる前に、自己と他者がはっきりと分化していない状態が先行していることがわかる。子どもの発達研究では、こうした状態に基盤をおく自己と他者とのつながりを「間《かん》主観性」と呼ぶ。

間主観性のあり方は、子どもの発達にともなって変化していく。赤ちゃんは、生まれてしばらくは反射などの生理的な反応が優勢である。生後二か月ごろになると、養育者（たとえば母親）をはじめとする周囲の人びとと視線や音楽的な発声をつうじて交流するようになる。こうして達成される渾然一体とした関係性を、「第一次間主観性」と呼ぶ。さらに生後九か月をこえると、他者の意図を理解し、それに応答したり、それを再現したりすることができるようになる。たとえば、「ちょうだい」という発話で、赤ちゃんが持っている物を要求していることを理解し、要求に応じてその物を渡したり、みずから要求を行ったりすることができるようになる。これは「第二次間主観性」と呼ばれ、子どもが文化的に蓄積されてきた言語をはじめとする知識を獲得する基礎だとされる［Trevarthen 1990］。

子どもを対象とした人類学は、さまざまな経験的事例にもとづいて、こうした西欧で主流をなす自己の成り立ちについての議論を相対化してきた。とくに、西欧以外における自己の成り立ちや社会化のプロセスを論じることによって、ある文化を特徴づけているパーソナリティがどのように構成されていくのかを明らかにしようとした研究は多い。日本文化を他者との関係やその意見を重視する「恥の文化」と位置づけ、内的な良心の形成を重視する西欧の「罪の文化」と対置したルース・ベネディクトの『菊と刀』（原著初版一九四六年）は、そのなかでももっとも優れたものの一つである。この本は、第二次世界大戦下のきわめて特殊な状況で書かれたにもかかわらず、その後の日本文化の研究に強力なインパクトを与えた。こうしたアプローチは「文化とパーソナリティ論」と呼ばれ、当初は人類学者の専門用語にすぎなかった「文化」ということばを一般に広めることに大きく寄与した。現在では、文化ということばはじつにさまざまな社会的文脈で用いられ、教育・政治・経済においても大きな働きをしている。日本でも、正しい日本文化を伝えることをうたった教育プログラムや日本文化の魅力を活かそうとする政策は、枚挙にいとまがない。またテレビのバラエティショーでは、しばしば日本や他の国の文化の特徴がおもしろおかしくとりあげられ、そうした文化観にあわない言動を発した有名人が非難される姿もしばしば目にする。

だがこうした文化的な特徴づけの広まりは、もともとは分析概念だった「文化」の切れ味を鈍らせてしまうおそれがある。じっさい近年の人類学的な研究は、こうした特徴づけが理論的にはあいまいで、民族誌的には単純すぎることを示している。その好例として、入念なフィールドワークにもとづいてペルーのマシゲンカ、南太平洋のサモア、米国ロサンゼルス（ＬＡ）の中産階級における社会化について論じた研究を挙げよう［Ochs & Izquierdo 2009］。

しばしば、ＬＡを含む西欧ではまわりと切り離された相互独立的自己観が重視されるのに対して、東アジアをはじめとする非西欧では他者との協調を重んじる相互依存的自己観が共有されているといわれる［Markus & Kitayama 1991, 2010］。ＬＡの親に聞いてみると、たしかに子どもの独立性を理想としていることがわかる。ただし日常的には、親は厳しい競争にさらされた子どもの宿題を長時間手伝ったり、子どもの安全に配慮して毎日学校への送り迎えをしたりして、子どもの依存性を助長することを余儀なくされている。逆に、マシゲンカやサモアの家族とコミュニティは、お互いに助けあうことを重視することによって相互依存性を高めるいっぽうで、子どもは生業や家事の手伝いといった身の回りの実践では自律的にふるまえるように社会化される。こうした報告が示すように、相互独立性と相互依存性は両立可能である。ただし、これらの事例ではLAの家族のみにおいて、相互独立性を高めるための価値と家庭における実践との矛盾が、はっきりとことばに出して語られている。その結果、LAの子どもは「依存性のジレンマ」［Whiting 1978］、つまり子どもが独立性と他者への依存性の双方が強調される環境にさらされて育つというジレンマに直面している。

このように、文化的実践においては、時にその社会で主導的だといわれている価値観とは矛盾するような逆説的な事態が生みだされている。人類学的なフィールドワークは、しばしばそこに注目する。現代的な人類学の使命は、国民性をめぐる議論に代表されるような文化的なステレオタイプを生産あるいは再生産することではなく、フィールドの知によってそれを乗り越えることだろう。

働くということ

どんな社会でも、子どもはある時期からその一員として貢献を期待されるようになる。しかし、それがいつどんなかたちで起こるかは社会によって異なる［Lancy et. al. (eds.) 2010］。冒頭で見た「本当の私」

についての問いは、私たちの社会では子どもと大人を分ける分水嶺となっている。若者たちがこうした問いに悩むのは、高等教育や職業をめぐる選択が、どうやって生活を可能にする収入を得るかということだけではなく、社会に対してどうやって主体的にかかわっていくのかについての決断をせまるからだろう。

こうした子どもの社会に対する貢献と子どもの主体性についての問いを統合するようなアプローチからの議論を示そう。この議論は、前節で論じた間主観性と密接にかかわっている。アクセル・ホネットによれば、私たちがある行為の間主観的な意味を理解できるのは、その行為が相手に引き起こすのと同じ反応をみずからにも引き起こすからである［ホネット 二〇〇三］。たとえば私たちは、侮蔑的な発言によってみずからが傷つくことをつうじて、そうした発言が誰かを傷つけることを理解できる。このような、主体が他者をとおして自分を認識するという間主観的な関係を「承認」という。

承認の原初的な形態は、前節で見たような、赤ちゃんと養育者との間主観性を基盤とした相互行為に見いだすことができる。その後、承認の形式はそれを求める欲求と対応しながら段階的に変化していく。すなわち、私たちは社会化していくなかで、もっとも身近な他者（たとえば母親）からその周囲の人びと、最終的にはその社会全体へと相互行為のパートナーの範囲を広げながら、その規範的な態度をだんだんと内面化していく。これにより、パートナーを承認するとともに自分がそのパートナーから承認されていることに気づく、つまり相互承認を達成する。

いっぽう、そうしたパートナーから適切な承認が得られないと、社会生活の再生産が妨げられて「承認をめぐる闘争」がもたらされる。この議論では、相互承認を達成することは、私たちが働くことをつうじて充実した社会生活を送るために不可欠だと考えられている。この考え方に沿えば、冒頭で紹介した「本当の私」が見つからないという悩みの源は、その段階に応じた相互行為のパートナー（たとえば、就職することを望んでいる会社や社会全体）から思うように認められないことにあるといえそうだ。

もっとも、話はこれで終わらなかった。こうした議論はその後、充実した社会生活とは何かをめぐってさらなる論争を巻き起こしたのである。たとえば、フェミニズムの理論家は、現代社会では富の再分配を求める社会運動とアイデンティティ・ポリティクスを推し進める社会運動とが分断されつつあると考え、これを問題視した。わかりやすくいえば、どんなに人や社会から認められても物質的資源がともなわなければ充実した社会生活はもたらされないということだ。こうした批判に対しては再反論が行われたが、議論はいまだに収束していない［フレイザー&ホネット　二〇一二］。初期の親密な関係がその後の「働くこと」をはじめとした公共的な社会生活を支えるようになっていくしくみは、ホネットが思い描いた以上に複雑かつ多様なのであろう。

この点について、ヒト本来の社会のあり方を探るために行われてきた狩猟採集社会の研究は、興味深い示唆を与えてくれる。たとえば、カラハリ砂漠の狩猟採集民として知られるサンは、遊動生活を送りながら居住集団（キャンプと呼ばれる）のメンバーが共同で行う野生の動植物の狩猟採集活動によって生計を立ててきた［田中　一九七七］。この活動では、男性による狩猟、女性による採集という最低限のもの以外の分業はほとんど行われておらず、職業の専門化はまったくといっていいほどみられなかった。

また、肉に代表される重要な食料が得られた場合は、お互いに顔見知りで親族関係にあるキャンプのメンバーにできるだけ平等に配られていた。この共同と分配にもとづく平等主義的な規範は、一日平均に換算すると四〜五時間という少ない労働時間で、キャンプのすべてのメンバーが十分な栄養を得ることを可能にしていた。

こうした状況を反映してサンの子どもは、家事や生業活動に貢献することをほとんど求められていなかった。そのいっぽうで、長い年月を自然のなかでの遊びに費やすことで、狩猟採集に必要な知識や技術を徐々に身につけていた（⇒コラム10）。こうした社会においては、狩猟採集活動をつうじて得られた物質的資源が特定の誰かに集中したり蓄積されたりすることはなく、そのメンバーすべてに対して平等に分配されている。そして、何を学ぶか、またどんな仕事をするかという問いは、青年期に短時間で決断を迫られるものではなく、長い時間をかけてみずから徐々に答えを形づくっていくものである。

都市的な状況でも、働くことの位置づけは社会によって大きく異なりうる。たとえばタンザニアの都市住民の多くは、仕事の種類を選り好みしないだけでなく、主体的に仕事を模索・創出しているという［小川 二〇一六］。これはタンザニアの都市住民に限らず、インフォーマル・セクターで活動する人びとに広くあてはまる特徴でもあるようだ。こうした社会では、それぞれの個人がひとつの仕事で失敗しても他の何かで食いつなぐことが可能なだけでなく、世帯などの生計の単位において誰かが失敗しても、他の誰かの稼ぎで食いつなぐことが可能となっている。そして、その生計の単位の境界はゆれ動き、時として見ず知らずの人も含めた「みんな」にまで広がりうる。さらに人びとは、そうやって生きている自分に誇りをもち、そうした社会が自分を生かしてくれることに確信をもっているという。

こうした人類学的研究は、先に見た高等教育や職業選択をめぐる問いやそれにともなう悩みは、私たちの社会のあり方によって仕組まれたもので、時代や場所が異なればそもそも存在しなかったかもしれないことを示している。子どもがいつ、どのようにして働くようになるのかは、その社会のあり方と不可分に結びついている。そして、私たちが社会に対する貢献と主体性を実現する、つまり相互承認を達成するための道筋は、社会・文化的に多様なようだ。次節に見る、子育てと社会の再生産の関係についての議論もこれを示す好例である。

子育てと社会の再生産

私たちは就職などをつうじて働くことだけでなく、次代を担う子どもを育むこと（つまり養育者の側に立つこと）によっても社会に貢献し、社会からの承認を達成することができる。近年では、出産や育児に起因して、多くの人びとが不安や孤独を抱えていることが知られるようになってきた。これにはさまざまな状況がかかわっている。まず、日本では晩婚化が進んでいる。これと連動して、少子化の傾向も強まっている。晩婚化や少子化は、出産や子育てに関する直接的な経験を減らす。子どものいる世帯の核家族率が八割に達するとされる家族のあり方も、こうした傾向に拍車をかけている。さらに、日本を含む多くの社会では、婚姻形態の多様化、国際養子縁組の増加、人工授精を始めとする生殖技術や胎児をモニターする技術の発達により、親と子の関係について、これまで人びとがもってきた観念がゆさぶられるような事態が数多く生じている［Strathern 1992a；松岡編 二〇一七］。「親」という概念もまた、胎児と遺伝的なつながりをもった親、胎児を胎内で育てる女性、生まれてきた嬰児を育てる親などに分解され、それらが一致することは自明ではなくなってきている。

もっとも、親と子の関係が時代や地域によってさまざまな形態をとりうること自体は、文化人類学がくり返し示してきたことである。「家族の危機」もまた、近代社会の成立以来つねに叫ばれつづけてきた［山田 一九九四］。問題は、あらたな変化に直面した私たちが、それを理解する認識枠組みをもたないままにその変化を賞賛したり、非難したりすることに潜んでいる。こうした状況で子育てについて問うことは、人類学が長年論じてきた家族のあり方の多様性について問いなおすことであり（⇒11「親族と名前」）、さらには、あなたを含む社会の行く先を考えることでもある。そこで以下では、現代における私たちの子育てと結びつきの深い「母性」について問いなおした研究を紹介する。

家族を論じる人類学的研究の多くは、「母性」は家族や社会のあり方と密接に結びついていると考える。たとえば、フランスの日常生活の歴史的な記録をひもとくと、「子どもを慈しむ母性愛が女の本性だ」という主張は一八世紀後半から広まっていったイデオロギーであり、私たちの子どもに対するかかわり方はそうしたイデオロギーなどを反映して社会的につくられたものであることが示唆される［バダンテール 一九九八］。また日本では、妊娠、出産、授乳といった女性の「母たるべき機能」と「本性」を結びつけた「母性」という翻訳語が一九一〇―一九二〇年代ごろに登場し、さらにこれが人間性を強調する「愛」と結びつけられることによって、急速に人びとの支持を得ていった。それとともに、「母性愛」の重要性を説く育児の専門家が現れ、子どもは母親によって保護、管理されるべきだという見方が強まったようである〔沢山 二〇一三〕。

「母性」が社会によってつくられるものだとしたら、個々の女性はそれをいつどのように行うようになるのだろうか? こうした観点から注目されるのが、妊娠をめぐるコミュニケーションである。たとえばカナダにおいては、胎児と直接的にかかわる超音波診断の場でのコミュニケーションを分析することによって、その胎児が徐々に家族の一員として認められていく過程、またそうした場で母親や父親にまつわるジェンダー観が再生産されるしくみについて論じられている〔Mitchell 2001〕。

こうした視座に立てば、子どもは生まれる前から人格をもった存在として扱われており、子どもの社会化、すなわち子どもとその周囲の人びとの人間関係の形成は、その子の誕生以前から始まっているといえよう。これに対して、前節で紹介した狩猟採集民サンの社会では、乳幼児死亡率が非常に高いことなどを背景として、子どもは誕生後しばらくのあいだ、人格をもった存在としては扱われず、母親が必要と認めたときは嬰児殺しも行われていたという〔Howell 1979〕。こうした研究は、本章冒頭で紹介したような間主観性の発達を促す文化的実践にどのようなバリエーションがあり、それがどう組織化・再組織化されていくのかを明らかにしてくれるだろう。

本章では、私たちの来し方、行く先を見つめなおすことをつうじて、社会化のさまざまなあり方に考えをめぐらせた。本章で紹介した研究はいずれも、私たちの主体性はその社会的状況に埋めこまれているとともに、あらたな社会的状況をつくりだすことができることを示している。さまざまな悩みをもつ「私」の成り立ち、その私が社会に対してどのような貢献をするべきか、さらにはどのように次世代を育んでいくべきかについての考え方は、私たちがたまたま生まれ落ちた社会・文化によって大きく制約されている。そのいっぽうで、私たちはみな、そうした制約を見なおし、あらたな社会的状況にあった社会・文化を創造していくことができる。文化的な実践によりそいながら人類学的な視点で考えることは、こうした入り組んだ関係を解きほぐし、私たちが直面しているあらたな社会的状況についての理解を深めるために有効である。

（高田　明）

コラム 10

生業と子育て

子どもがいつ、どのようにして働くようになるのか、という問いは人間の生業（狩猟採集、牧畜、農耕など）に注目する生態人類学、なかでも狩猟採集民研究でさかんに論じられてきた。この問いを導き、狩猟採集民研究とその隣接分野を魅了してきたのが「ヒト本来の子育て」を明らかにする試みである。ヒトはその歴史の大半を野生動植物の狩猟や採集に依存して生きてきた。ここから研究者は、ヒト本来の子育ては狩猟採集生活と結びついていると考え、こうした文脈で行われた南部アフリカのサンの研究にもとづいて、狩猟採集民の子ども期には以下の特徴があると主張した。①母親が長期間乳幼児に密着して授乳、養育を行う。②乳幼児への強制的なしつけはほとんどなく、乳幼児は自由放任である。③長い授乳期を終えた後、子どもは多年齢からなる子ども集団に愛着の対象を移す。④子ども集団は、家事や生業活動に貢献することはほとんど求められない。子どもは遊びをつうじて狩猟採集に必要な知識や技術を徐々に身につける［Konner 1976; Draper 1976］。

しかしその後の研究により、①離乳が相対的に早い。②乳幼児によくしつけを行う。③母親以外がよく養育に携わる。④子どもが家事や生業活動に大きく貢献する。といった狩猟採集民がいることがわかってきた［Konner 2016］。こうした傾向は、ポスト狩猟採集社会、牧畜社会や農耕社会ではいっそう強まっていた［Takada 2019］。

こうした研究は、ヒトの環境適応の柔軟さを示すとともに、社会化についてさまざまな示唆を与えてくれる。狩猟採集民研究は、いかなる仕事も強制されないし、その必要もない、遊びの原理に貫かれた社会像を描いた［田中　1977; Lee 1979］。仕事は主体的に行ったときには遊び、強制的にさせられたときには労働へと近づく。狩猟採集以外を生計の糧とする道を選び、さらには産業化を進める過程で、人間は遊びを余暇という狭窄なカテゴリーに追いやり、労働（詰め込み型の学校教育や生産性の論理で管理された仕事）に支配されるようになってきたのかもしれない。

11　親族と名前——関係している状態をつくるもの

家族と親戚の境界線

あなたにとって、お祖父さん・お祖母さんは家族だろうか。それとも親戚だろうか。日本語では祖父母のことを親戚とはあまり呼ばないが、彼らが遠方に暮らしていて一年に一度しか会わないとすれば、家族と呼ぶことにも躊躇するかもしれない。逆にあなたが三世代で同居しているとすれば、祖父母は家族の一員とみなされている可能性が高いだろう。では、一緒に暮らしているのが仮にお父さんの両親だったとして、遠くに暮らしているお母さんの両親も同じように家族なのだろうか。そうでないとすれば、父方と母方で家族の範囲が違うことは何だか不思議に感じられる。

家族の範囲を決定するもうひとつの条件は結婚である。娘がお父さんに別れの手紙を読みあげる場面が結婚式における感動的なクライマックスとして演出されるように、「婚出」によって娘と両親は別の家庭に属するようになると儀礼的にはみなされているからだ。だが、両親との感情的な距離が近ければ、嫁に行っても実の両親は家族であると思えるだろう。では嫁いできた妻にとって義理の両親は家族なのだろうか、そうではないのだろうか。あるいは兄弟姉妹の配偶者はどうだろうか。一緒に暮らしているかどうかによって判断は変わるかもしれないし、日常的なコンタクトの有無によっても違うかもしれない。

このように、家族は一見するとありふれた概念のようだが、それをとりまく親戚や他人とのあいだに境界線を引こうとすると難しい。なぜなら家族と親戚と他人の境界線は客観的な指標だけで決められるものではないからだ。あなたと遺伝的に「近い」かどうか、「血がつながっている」かどうかだけではなく、感情的に近しい関係にあるのか、あなたが生活を送っていくうえで派生する問題をどこまで共有しているのかといった日常的で具体的な事情こそが家族と親戚と他人を分別する。つまり一般にこういうものだと信じられている制度と、その制度を生きる人びとによる個々の実践のあいだにはズレが存在するのである。

冒頭の問いにも登場するように、家族と親戚をめぐって引かれる実践上の境界線を考えるうえで興味深いのが祖父母の存在である。祖父母は家族と親戚のあいだの境界上の存在であり、日々の暮らし方によって位置づけが変わっていくからだ。たとえばいまの日本の都市部では子育てをする共働き夫婦にとって祖父母の支援が貴重なものとなりつつある。四月から仕事に復帰するつもりだった母親（本来は父母双方の問題であるが）が認可保育園に落ちてしまい、慌てて実家に子どもの面倒をみてもらうよう頼みこむといった話はよく聞く。たとえ子どもを保育園に入れることができたとしても、子どもが熱を出したときに祖父母に迎えに行ってもらえる母親には仕事を続けるうえでアドバンテージがある。そうした孫の養育へのかかわりは、祖父母を親戚よりも家族に近い存在とするのではないだろうか。

家族よりは親戚に近いような存在としての祖父母との関係もまた、家族のかたちの変容の影響をダイレクトにこうむる。英国の人類学者マリリン・ストラザーンは、欧米の家族・親族のかたちが多様化・複雑化していく過程を説明するために、興味深い法廷闘争の事例を紹介している［Strathern 2005］。それは祖父母が孫に面会する権利を求めて起こした訴訟である。彼らの息子が離婚し、孫は妻側に引き取られた。その後に元妻は再婚して新しい家庭を築いている。祖父母はこの孫を訪問する権利を保持しているのだろうか、それとも法的には孫との関係は失われてしまったのだろうか。離婚と再婚の増加に代表される家族をめぐる実践の多様化は、家族をとりかこむ親戚という領域にも波及していく。そして、この事例における法廷のような公的空間をつうじて社会のかたちをもつくりかえていくのである。

呼び名は体を表すのか

人類学では、こうした家族と親戚をともに含む広いカテゴリーとして「親族」という用語を用いてきた。人類学の創生期から親族という組織は社会秩序とさまざまなかたちでかかわっていると考えられ、対象社会を包括的に理解する重要な視角として研究の対象となってきた。だが、そもそもどうして親族は社会を構成する大きな要素と考えられてきたのだろうか。

アメリカ人類学の父と呼ばれるルイス・ヘンリー・モルガンは『古代社会』（原著初版一八七七年）のな

かで、人類社会は野蛮から未開、未開から文明へと段階的に進化してきたのであり、それぞれの時代は固有の生活様式をもっていると主張した。家族の形態は社会の進歩に応じて原始的な乱婚状態から兄弟と姉妹が集団結婚する状態へと発達していき、最終的には欧米社会のような一夫一妻婚に到達したのだと考えたのである。モルガンはこうした壮大な人類社会の進化の痕跡をいわゆる「未開社会」における親族呼称の体系（「類別的親族名称」と呼ばれる）のなかに読みとろうとした。

たとえば、ハワイのポリネシア人にとってすべての血族は両親・子ども・祖父母・孫および兄弟姉妹のいずれかのカテゴリーに編入される。父・父の兄弟・母の姉妹の夫はすべて「マークア・カーナ（男の親）」という同じ名称で呼ばれる。一方、母・母の姉妹・父の兄弟の妻はすべて「マークア ワーヒーナ（女の親）」である。同じ呼称を用いられる人びとは、その社会において過去に同じ立場にあったとモルガンは考えた。つまり、ある兄弟たちが別の家族の姉妹たちと集団どうしで婚姻関係を結んでいたという間違った推測をしたのである。

こうしたモルガンの考えは、「父」や「母」が血縁関係を示す用語であり、その子どもは両親の生殖行為の有無によって識別されるという当時の欧米的な理解を他の社会に無批判に適用した点において間違っていた。なぜなら父母と子の関係は血のつながりだけではなく、扶養の義務や相続の権利といった他の条件によって定義されているかもしれないからだ。また、当時は支配的であった進化論的な考え方は、婚姻と家族の形態に優劣をつけ、欧米社会をもっとも進歩した社会制度の形態であると考えた点において傲慢だった。

ただ、親族の名称が親族の関係性を規定するという考え方は現代社会にも流通している。たとえば、日本で夫婦別姓の制度を導入にすることに反対し、論拠として家族制度が崩壊すると主張する議論がある。こうした議論は、名字を異にすることが夫婦や子どもの関係を疎遠なものにすると想定している点において、親族名称から古代の結婚制度を強引に推測したモルガンと同じあやまちをくり返しているといえるだろう。

だが、親族の関係名称がじっさいの呼びかけに用いられることにはどんな意味があるのかと問うことには、現在にまでつうじる意義がある。たとえば、モルガンが生涯にわたって研究をつづけた北米先住民社会では、日常や儀礼的な挨拶において人びとは相互に親族関係の用語で呼びかけ、決して個々の名前では呼びかけない。一方で、いかなる親族関係も存在しない相手に対しては「わが友よ（my friend）」と呼びかけるのだという［モルガン　一九五八］。呼びかけという実践において、すべての人間は親族と友人に儀礼的に二分される。つまり、いわゆる「未開社会」と呼ばれるような比較的小規模の集団では、社会の成員が親族とそれ以外に分類されるからこそ、親族は社会の基本的な構造を成すと考えられてきたのである。

現代の親族

では、「未開社会」を研究する当の人類学者たち自身が暮らす欧米では、親族は社会を構成する重要な要素ではなかったのだろうか。そのような社会において、親族はどのように呼ばれていたのだろうか。英国における社会人類学の創始者の一人であるレイモンド・ファースらは、一九六〇年代のロンドンで興味深い研究を行っている［Firth, Hubert & Forge 1969］。彼らは当時の白人中流階級における家族と親戚への呼びかけ方を調べた。そして、上の世代から下の世代に対しては関係名称（息子、娘、孫）ではなく個人名で呼ばれる一方、下の世代から上の世代に対しては関係名称（お父さん、お母さん、お祖父さん、お祖母さんなど）が使われていること、さらに、直系の親族以外に対しては、名前と関係名称の組みあわせで呼ばれていた（たとえばベンおじさん、メイおばさん）ことを指摘した。

じつは欧米でもファーストネームが家族間の呼びかけに使われるようになったのは近年のことである。たとえばジェイン・オースティンの小説『高慢と偏見』（原著初版一八一三年）では主人公の母親が夫を「ミスター・ベネット」と呼んでいるように、以前は配偶者間であっても名字で呼びかけることがあたりまえだった。ファースらの研究から数十年が経過した現在では、欧米では子どもが両親をファーストネームで呼ぶことも珍しくなくなってきている。ストラザーンはこうした呼び方の変化について、現在の欧米社会では親族との関係がフォーマルなものからインフォーマルなものに変わりつつあること、どんな名前で呼ばれるか個人が選択できるようになってきたこと、親族間であっても個人的な関係性が重視されるようになっていること、個人化と多様化が進んでいること、そして親族のありかた自体が全体として変化しつつあることのあらわれであると解釈した［Strathern 1992b］。

このように、親族に対する呼びかけ方はそれぞれの社会において慣習的な規則として浸透し、関係の形式性／非形式性や個別性の程度を規定している。たとえば、初期の「クレヨンしんちゃん」では、しんちゃんが父親を真似して自分の母親のことを「みさえ」と名前呼びすることがあったのだが、これはしんちゃんが親の権威に従属しないキャラクターであることを示唆する一方で、子どもの教育に良くないアニメだと批判される理由になってきた。結局、後のシリーズではしんちゃんの母親に対する呼称は「母ちゃん」へと変更された。また、モルガンの記述した北米先住民社会と違い、私たちは見知らぬ相手に対しても親族名称を用いる。たとえば、テレビ番組のレポーターは街頭の人びとに対して「おじいちゃん」「おばあちゃん」と呼びかける。しかし、呼びかけられる相手の年齢が下がると、今度は「旦那さん」「奥さん」という婚姻関係にもとづいた名称に変わる（ただし最近では「お父さん」「お母さん」も増えてきている）。そして、子どもに対しては（少し昔の表現ではあるが）「お嬢ちゃん」「坊ちゃん」と呼びかけてきたのである。

こうしてみると、私たちは欧米社会よりも頻繁に親族名称を呼びかけに用いているようだ。もちろん現代日本において親族が組織として活動する機会は減少している。モルガンを初めとする黎明期の人類学者が記述したような社会構造の中心的な要素としての親族組織は存在していないといえるだろう。だが、親族名称にもとづく役割を無名の他者にまで適用していくような関係の「形式性」［Strathern 1992］は今も実践されているのではないだろうか。

家族という領域

日本社会におけるもう一つの重要な名前をめぐる実践として、三人称での親族への言及がある。とくに自分の配偶者をどんな名称によって言及するのかというのは難しい問題だ。あなたがもし結婚している女性であるとして、第三者に対して配偶者のことを何と言及すればいいのだろうか。「私の主人は……」と言う場合と、「私の夫は……」と言う場合ではずいぶんと印象が違う。逆にあなたが既婚の男性である場合はどうだろう。妻、愚妻、嫁、奥さん、かみさんあたりだろうか。少し昔であれば「うちの大蔵省が……」「うちの糠味噌女房が……」といった表現もあったらしい。大蔵省は現在の財務省であるから、女性配偶者が家計を一元的に管理するという当時の日本で一般的だった性別役割分担の存在を示唆している。糠味噌のほうは、それが漬物をつくるための材料であるように、炊事という役割を連想させる。

このように、配偶者に言及するための名称には彼らがどういった役割であったのかという原義が含まれている。そして、男性配偶者の名称が「主人」「旦那」のような敬称が多いのに対して、女性配偶者の名称には「糠味噌女房」や「愚妻」のように卑下するニュアンスを含むことが多い。だからこそ現代では自分の配偶者にどう言及すればいいかと悩む人がいるし、「相方」や「パートナー」といったジェンダーレスで対等な名称も生まれてきているのだろう。

このように家族・親族のなかで女性が「家事」と結びつけて言及されるのは日本だけの話ではない。

ミシェル・ロサルドは男性と女性に対する文化的評価の非対称性が普遍的にみられることについて考察している［ロサルド　一九八七］。母親が強い政治的立場を保持する北米先住民イロクォイの社会ですら首長は男性であったように、女性の構造的な劣位が世界各地でみられるのはなぜだろうか。この問いについて、ロサルドは家庭内領域と公的領域という構造的対立から説明した。どんな社会においても女性の役割が家庭内領域に結びつけて説明され、男性の役割が公的領域での活動に結びつけられることで、後者に重い価値が置かれるようになっている。じっさいには私的／公的、家庭的／社会的、女性／男性という二項対立そのものが根源的に非対称的な秩序なのであり、この対立によって女性が母親として育児をはじめとする家庭内諸活動に専念することが正当化されてきたのである。

だが、いまの日本では私的領域と公的領域という役割分担は崩れつつあり、従来は家庭内で担当してきた子育てや介護といった諸活動は、公的機関との分業へと変わりつつある。母親が家に留まり父親が稼ぎ手となるような生活形態自体が一部の階層の特権でしかなくなっているからだ。しかし、現在も公的制度内での介護や保育は女性が労働者の大多数を占めており、とるに足らない、スキルレベルの低い仕事と社会からみなされることで薄給が維持されている。こうした制度の移行期であるからこそ、配偶者をどのように呼ぶのかという実践もまた「あたりまえ」ではなくなりつつある。そして、呼びかけとそれに対する応答という日常的な実践が、男性／女性という区分をもゆるがしているのである［バトラー　二〇〇四］。

ここまで見てきたように、親族は固定的な制度や組織ではなく、社会秩序とかかわるかたちで実践されるものである。モルガン以後の（しかしいまだ古典的な）人類学は、たとえば婚姻という「制度」［e.g. レヴィ＝ストロース 二〇〇〇］や出自という「集団」［e.g. エヴァンズ＝プリチャード 一九九七］を固定的なものとして研究してきたが、それだけでは実践が主導して制度を形成していく過程を見逃すことになってしまう。

こうした変化しうる過程として親族を理解するにあたって重要なのが、「関係性」という概念である。ジャネット・カーステンは、マレーシアの漁村における親族の様態についての研究から、彼らにとって親族のあいだの関係性を保証しているものは血縁という生物学的なつながりではなく、衣食住を共有することによって身体の「中身」（サブスタンス）に共通性が生じることだと主張した［Carsten 1995］。カーステンが紹介したマレーの人びとにとって、親族は生殖行為によって複製された遺伝子を共有しているから関係しているのではなく、乳を飲むことや同じ炉端で炊いた米を食べることによって次第に「血」を共有するようになるから関係しているのである。つまり、関係性とは「私とあなたは親族である」という意識上の問題（＝アイデンティティ）ではなく、与え、受けとることによって生成・変性していくような物質的なつながりなのである。

誰がケアを担うのか

関係が生み出される過程に注目することで、「未開社会の彼ら」についてはエキゾチックな制度としての「親族」を研究し、「文明社会の私たち」についてはは生物学的につながった、自明で私的な関係としての「家族」を研究するという区別はもはや成立しなくなる［Carsten 2003］。じっさい、関係性に注目する議論は欧米社会における親族研究にも適用され、生殖医療をはじめとする新しい現象が研究されていった［cf. Franklin 2013］（⇒コラム11）。そして、生きること、生活を続けていくことを支える行為を広義の「ケア」と呼ぶとすれば、ケアという行為もまた相手の身体に働きかけることで身体の状態そのものに干渉する実践である。それは誰かを家族へと包摂し、誰かを親戚だとみなし、誰かを他人として排除することにつながっている。つまり、ケアをつうじて人びとは親族という関係性を醸成しているのだ（⇒12「ケアと共同性」）。

冒頭で紹介したように、現代社会において祖父母をはじめとする親族は、変則的で多様なかたちで家庭内でのケアにかかわっている。親族が社会の基本構造となっているような社会において、ケアは集合的で社会的な実践であり、子育ても介護も親族や隣人とのあいだの共同作業とされてきた。しかし、いまの日本において親族は観念としては意味をもつけれども、もはや社会を構成する主要な組織ではない。かといって、社会保障は急速に高齢化する社会に対して老後を保障しきれていない。子育てに対する社会的サポートが不十分な状態であることも、少子化に拍車をかけている。

そうした状況において、子どもを育てることも、老親を介護することも、家庭という私的空間のなかで遂行しようとすれば、一人ではにっちもさっちもいかなくなる瞬間が必ずある。そうした瞬間は世話をする人を追い詰める一方で、予定外の他者が動員されていく。祖父母、兄弟姉妹、近所の人、ママ友、通りすがりの人。ケアという実践は、つねに当初の設定から外れたような人びとをその対象や担い手に包摂していくような柔軟性を含みこんでいる。

もちろん、親族が関係性によって形成される一方で、親族を慣習的で規範的で形式的なものとしてとらえようとする意識的な動きがあることも忘れてはならない。夫婦別姓や同性婚への反対意見の存在が示すように、現在も親族は社会秩序の重要な織り糸となっているからだ。それでも、人間が生きていくことを支える単位として家族の範囲は伸縮を続けていること、それが親族の領域にも影響を及ぼしていることを意識することが重要である。家庭と国家のあいだの分業体制が安定していない時代だからこそ、冒頭で問いかけたような家族でもあり親戚でもある祖父母の存在が浮上しているのである。

ここで、冒頭に掲げた問いをもう一度くり返してみよう。あなたにとって祖父母は親戚だろうか、それとも家族だろうか。両親と子どもからなる「核家族」という単位にとって、祖父母はもっとも近い親戚（＝家族の外側）である。だが、その時々の暮らし方や公的な制度、価値観の移ろいに応じて家族の範囲も在り様も変わっていく。その変動に応じて私たちの家族や親族に対する呼びかけのことばもあらたに生みだされるかもしれないし、あらたな種類のケアを求めてことばを与える動きが広がっていくかもしれない。呼びかけに対する私たちの応答こそが、家族と親族の領域をゆさぶり、その境界をゆり動かす可能性の源泉であるからだ。

（高橋絵里香）

コラム 11

あらたな親族研究の潮流

科学技術の発展や人の移動距離の増大、価値観の多様化によって、親族をめぐる新しい現象が出現しつつある。離婚、再婚、同性婚、国際養子縁組、生殖医療の増加は、家族とその延長線上にある親族の関係をこれまでよりも複雑なものにするからだ。そうした現象についての人類学は、あらたに生みだされる親族関係を記述・分析してきた。

たとえば、生殖補助技術の普及によって卵子・精子の提供者、子宮に胎児を宿して出産する者、生まれてきた子どもを育てる者が別々に存在するといった事態が出現している。ただし、あらたな技術によって親族の生物学的なつながりが意義を失ったわけではなく、従来の「自然」で「ふつう」の論理としての親族や親子関係が生殖のなかに埋めこまれていく。たとえばレズビアンカップルの築く親族関係についての研究によれば、二人の母親が子どもと生物学的なつながりを意図的につくりだし、そこに象徴的な意味あいをもたせることがあるという［Hayden 1995］。二人の女性が同じ人物から精子の提供を受けて人工授精したり、パートナーに似た外見的特徴をもつ男性をドナーに選んだりすることで、彼らは生物学的つながりを用いて親族関係をつくりだしているのである。

このように人が親族という関係の連なりのなかに組み込まれていくことを意味する動詞として「親族する（Kinning）」という表現が考案された。ノルウェーの国際養子縁組についての研究によれば、子どもとその親族を社会的に結びつけるためには、異国からやってきた子どもの存在の根底的な部分を転換していくことが必須である。新しい出生証明書、新しい名前、市民権、家、家族をつうじた関係のネットワークや社会的な期待の付与は「親族する」行為の典型である［Howell 2006］。だが、養子でなくともわれわれは誕生した子どもを名づけ、国家に対して子どもの存在を登録し、儀礼によって親族に子どもを紹介する。「親族する」過程が普遍的なものであるように、あらたな親族研究は生物学的に裏づけられた固定的関係など存在しないことを示しているのである。

12 ケアと共同性——個人主義を超えて

「近代化」と個人主義

若いときには想像しにくいかもしれないが、人は誰でもいつか老いるし、親たちも老いていく。そのときあなたの、もしくはあなたの親の面倒を誰がみるのだろう。あるいは、もしあなたが病気になって働けなくなったとき、誰が世話をしてくれるのだろうか。

「あなたが病気になって、まわりに助けてくれる人がいなかったら大変でしょう。そんなリスクを回避するためにも保険に入っておいた方が賢明ですよ。未来に対する不確実性は、いまお金を払って保険に入っておくことで軽減することができます」。現代のリスク社会の司祭である保険会社の広告は、あなたの不安をかき立てながら笑顔でこう語りかけてくる。これは、私たちが今や、お金以外をあまりあてにすることができない個人化された世界に生きていることを示唆するものだ。

少し前まで、自分が老いたときや病気になったときにあてにできるのは家族だった。少なくとも日本において、高齢者や病人の面倒をみるケアの場面に登場するのはまず家族であり、そこに医師や看護師など医療の専門家が加わっていた。さらに時代をさかのぼると、医療専門職のかわりに親族や隣人や同じ村の人びとがそこには登場する。ケアにかかわる登場人物がこのように変化してきたのにはさまざまな要因があるが、この変化を「近代化」の観点から考えることができる。

「近代化」という概念そのものが社会科学において使われるようになったのは意外に遅く、二〇世紀後半以降のことである。その背景に資本主義と社会主義をめぐるイデオロギー対立があったとはいえ、基本的には封建的なものの崩壊と資本主義的なものの成立を指していると考えてよいだろう。こうしたとらえ方によると、封建的なもの、すなわち共同体的なつながりが薄れ、個人化がすすんだとされてきた。だがこれを単に、共同体のしがらみから個人が解放されたと言うことはできない。「個人」は最初から存在したわけではなく、人が「個人」として立ち現れるためには、「個人」として行動することができる社会的基盤が必要だからである。この基盤を与えたのが国民国家だった。共同体的な横のつながりを断ち切るだけで人は「個人」になったのではなく、国家に垂直に統合されることによって「個人」が現れたわけである。それにともない、人と人、人と共同体とのあいだのケアは、国家が認める医療専門職にその多くを委ねられることになった。これは、「近代化」のひとつの尺度としての官僚制化の一例でもある。

とはいえ、完全に個人化された人間が医療の専門家によってケアされたわけではなく、家族がその一端を担いつづけた。ただこれは、それまでの親族や隣人も含みこむような家族ではなく、孤立したユニットとしての核家族である。つまり個人化は国民化であると同時に核家族化でもあった。だからこそ、ケアの担い手をめぐるイメージは、親の介護や子育てについては狭義の家族、病気については医師や看護師という具合に二元化したのだと考えられる（⇒11「親族と名前」）。

福祉国家から排除された存在

「近代化」は、それがどの範囲の人びとを包摂するかによって異なる様相を示す。「第一の近代」と呼ばれるフェーズでは、市民権をもつのは一定以上の財産をもつ人にかぎられている。それは、個人の基盤が私的所有におかれており、財の所有者であってはじめて自己自身を所有するという意味での自由を有し、ゆえに市民権を行使することができるとみなされたからである。この制限は徐々に取り払われ、成人男子全員や女性に市民権が拡張されていく。市民権の拡張とともに今度は、社会的所有という考えにもとづき財を再配分する社会保障制度によって、「第一の近代」から排除されていた人びとが包摂され、市民としての権利を享受できるようになる。これがいわゆる福祉国家であり、人びとはそこで健康や安全など生の基盤を国家によって保障されることになったのである［Castel et Haroche 2001］。それでも、理念的には国民全体を包摂するはずの福祉国家の対象から排除される人びとはつねに存在する。

人類学者が調査してきたなかには、国家を知らない未開社会の人びとだけではなく、すでに国民国家という枠組みに包摂されたなかで生きる人たちもいる。ただそこには、なんらかの理由で国家の論理とは別の仕方で生きている人たちがいて、国家に抗したり、その制度を利用したりしながら生きており、そうした人たちから人類学は大きなインスピレーションを得てきた〔⇩8「国家とグローバリゼーション」〕。ここでは、国家のなかにありながら福祉国家の対象から排除された人びとが形づくる生にまつわる事例を二つ紹介しておこう。

第一の例は、田辺繁治が調査したタイのHIV感染者とエイズを発症した患者による自助グループに関するものである〔田辺 二〇〇八〕。タイでは一九八〇年代末から九〇年代初頭にかけてHIVの爆発的な感染が起こった。そのなかでタイ国家がとった対策は、感染していない国民の感染予防であり、その結果すでに感染していた者たちは逆に医療機関から排除され、さらには家族や地域社会からも差別され排除されることになった。孤立した感染者・患者たちは互いに見知らぬ間柄であったにもかかわらず、生き延びるために、エイズとはどんなものでそれをいかに治療するか、この病気をもちながらいかに自分の生を保持するかなどをめぐって情報を交換し、徐々に自助グループを形成していった。

HIVをめぐるさまざまな苦しみや生活上の問題に耳を傾けたり、マッサージをしたりといった相互的なケアのなかで、感染者たちは自身の健康を保つことができたのだ。それは「新たな命の友」と呼ばれ、医学や疫学の知識とは異なる独自の知や実践を生み出していく。そこには非感染者も参加するようになり、ケアをする者とされる者という一元的な関係とも家族とも異なったかたちでの、ケアをとおした親密性にもとづく「ケアのコミュニティ」が形づくられていった。「近代医療全体は人間を徹底的に個人化することによって成立するものであるが、そこに出現したのはその対極としての生のもつ社会性」だったのである〔田辺 二〇〇八：一五八〕。

こうした社会性は、福祉国家における公的医療のまっただなかにも出現しうる。たとえば筆者が調査したイタリアでは、精神障害者は二〇世紀後半にいたるまで精神病院に隔離され、市民権を剥奪され、実質的に福祉国家の対象の埒外に置かれていた。なぜなら精神障害者は社会的に危険であるとみなされていて、彼らから市民や社会を防衛しなければならないと考えられていたからである。精神病院は治療の場というより、社会を守るための隔離と収容の場であった。

しかしこうした状況は、精神科医をはじめとする医療スタッフと精神障害をもつ人びとによる改革によって変わっていく。一九六〇年代に始まった反精神病院の動きは一九七八年には精神病院を廃止する法律の制定へと展開し、最終的にイタリア全土の精神病院が閉鎖されるまでに至る。病院での精神医療に取って代わったのは地域での精神保健サービスだった。これは医療の名のもとで病院に収容する代わりに、苦しみを抱える人びとが地域で生きることを集合的に支えようとするものであり、「社会」を中心におく論理から「人間」を中心におく論理への転換であった。精神医療から精神保健へのこうした転換は公的サービスのなかで起こったことであり、それは公的サービスのなかに国家の論理、とりわけ医療を介した管理と統治の論理とは異なる論理が出現したことを意味している［松嶋 二〇一四］。

その論理は、私的自由の論理というより共同的で公共的な論理であった。たとえば、病院に代わって地域に設けられた精神保健センターで働く医師や看護師らスタッフは、患者のほうがセンターにやってくるのを待つのではなく、自分たちの方から出かけて行く。たとえば、地域に住む若者がひきこもっているような場合、個人の自由の論理にしたがうことで状況を放置すると、結局その若者自身と家族は自分たちではどうすることもできないところまで追い込まれてしまうことになる。そのような事態を回避し、地域における集合的な精神保健の責任をスタッフは負うのである。そこにはたしかに予防的に介入してリスクを管理するという側面がともないはするが、そうした統治の論理を最小限化しつつ、苦しむ人びとの傍らに寄り添い彼らの生の道程を共に歩むというケアの論理を最大化しようとするのである。

ケアの論理と選択の論理

二つの人類学的研究から見えてくるのは、個人を基盤にしたものとも社会全体を基盤におくものとも異なる共同性の論理である。この論理を、明確に取り出したのがアネマリー・モルである。モルはオランダのある町の大学病院の糖尿病の外来診察室でフィールドワークを行い、それにもとづいて実践誌を書いた（⇒コラム12）。そのなかで彼女は、糖尿病をもつ人びとと医師や看護師の協働実践に見られる論理の特徴を「ケアの論理」として、「選択の論理」と対比して取り出してみせた［Mol 2008］。

選択の論理は個人主義にもとづくものであるが、その具体的な存在のかたちは市民であり顧客である。この論理の下で患者は顧客となる。医療に従属させられるのではなく、顧客はみずからの欲望にしたがって商品やサービスを主体的に選択する。医師など専門職の役割は適切な情報を提供するだけである。選択はあなたの希望や欲望にしたがってご自由に、というわけだ。これはよい考え方のように見える。ただこの選択の論理の下では、顧客は一人の個人であり、孤独に、しかも自分だけの責任で選択することを強いられる。インフォームド・コンセントはその典型的な例である。しかも選択するには自分が何を欲しているかあらかじめ知っている必要があるが、それは本人にとってもそれほど自明ではない。

対してケアの論理の出発点は、人が何を欲しているかではなく、何を必要としているかである。それを知るには、当人がどういう状況で誰と生活していて、何に困っているか、どのような人的、技術的リソースが使えるのか、それを使うことで以前の生活から何を諦めなければならないのかなどを理解しなければならない。重要なのは、選択することではなく、状況を適切に判断することである。

そのためには感覚や情動が大切で、痛み苦しむ身体の声を無視してたとえば薬によっておさえこもうとするのではなく、身体に深く棲みこむことが不可欠である。脆弱であり予測不可能で苦しみのもとになる身体は、同時に生を享受するための基体でもある。この薬を使うとたとえ痛みが軽減するとしても不快だが、別のやり方だと痛みがあっても気にならず心地よいといった感覚が、ケアの方向性を決める羅針盤になりうる。それゆえケアの論理では、身体を管理するのではなく、身体の世話をし調《ととの》えることに主眼がおかれる。そこではさらに、身体の養生にかかわる道具や機械、他の人との関係性など、かかわるすべてのものについて絶え間なく調整しつづけることも必要となる。つまりケアとは、「ケアをする人」と「ケアをされる人」の二者間での行為なのではなく、家族、関係のある人びと、同じ病気をもつ人、薬、食べ物、道具、機械、場所、環境などのすべてから成る共同的で協働的な作業なのである。それは、人間だけを行為主体と見る世界像ではなく、関係するあらゆるものに行為の力能を見出す生きた世界像につながっている。

ケアと基盤的コミュニズム

病気や痛み、苦しみ、生きづらさ、死。これらに直面するところからケアは始まる。苦しみをもたらしているものが、病原体や神経伝達物質の異常だけというなら話は簡単だ。しかし、すべてがすべてに関係している生きた世界においては、ひとつの要素だけを原因として取り出すのは不可能である。病原体の出現に関係しているのは、水や空気かもしれないし、ある環境の生態系かもしれない。神経伝達物質の異常に関係しているのは、家族との関係性かもしれないし、貧困やあるいは腸内環境かもしれない。だから、「ケアの論理にあっては疑問が行為を妨げることはない。その態度は実験的なものである。何が改善をもたらし、何がそうでないかを探求しながら、あなたは世界と相互作用する。(中略) 水の欠如、食物の欠如、きれいな空気の欠如、スペースの欠如。賭けられている生が、人間のものか、動物のものか、植物のものか、生態系のものかであるかにかかわらず」[Mol 2008: 93]。

だからこそケアは、ケアする者とされる者という二者間にのみ見出される出来事ではなく、人間と人間以外の生物、薬物、機械、環境とのあいだの本質的に共同的な協働へと開かれてゆく。こうした共同性として現れるケアの論理は、個人主義をベースとする選択の論理と対照をなすインタラクションのモードである。そしてこれらの論理はまた、経済的な関係性のあり方とも深く関連している。たとえば、病気で苦しむ人が、選択の論理にもとづいた顧客とみなされる場合、その人は「患者様」と呼ばれ、専門家から金銭と交換にサービスや薬を購入しているとみなされる。これは、たとえば精神病院における権力と知の一極集中による医師と病者のヒエラルキカルな関係性に比べると、水平的でより自由であるように見える。だが患者は自分自身で決定し、その責任も自分だけで背負わなくてはならない。それが、「自己決定」にもとづいて「自己責任」を負う、と一般に言われている事態である。

ところでデヴィッド・グレーバーは、経済的関係の基盤をなす三つの異なるモラルの原理をそれぞれ、ヒエラルキー、交換、コミュニズムと呼んでいる［グレーバー 二〇一六］（⇒コラム6）。ヒエラルキーとは、優位者と劣位者のあいだの非対称な関係性が絶対的であるような場合であり、それに対して交換とは等価性にもとづく関係性で、財であれ行為であれ与えた分だけ受け取るというやりとりの過程である。三番目のコミュニズムは、「各人はその能力に応じて貢献し、各人にはその必要に応じて与えられる」という原理にもとづくすべての人間関係を指す。これは国家の政治体制とは関係がなく、タバコの火をもらうとか道を教えてもらうといった身近なかたちで世界中のあらゆる人間社会に見出すことができるものである。こうしたささいなことがより大きな社会関係の基盤をなしていると考えられるため、「基盤的コミュニズム」と呼ばれる。

基盤的コミュニズムの原理はいたるところにあるのだが、タバコの火やちょっとした情報をあげるような小さな親切の場合、「各人はその能力に応じて」の度合いが非常に小さいのであまり気にされない。逆に「各人の必要」がきわめて大きい場合にもこの原理はあてはまる。たとえば、災害で人びとが互いに助けを必要としているような場合など、この原理ははっきりと見えるかたちで表に出てくる。「洪水や停電、経済恐慌といった大災害の直後に人びとが同様にふるまい、まにあわせ《ラフ・アンド・レディ》のコミュニズムに立ち返る傾向がある（中略）。たとえ短期間であっても、ヒエラルキーや市場などは、だれにも手の届かないぜいたく品になる。このような時間を生きた者はだれもが、赤の他人が姉妹兄弟になり人間社会が再生したように感じる特別な経験におもいあたるはずだ」［グレーバー　二〇一六：一四四］。

そして、「各人の必要」が大きい場合というのは、誰かが助けや支援を必要としているケアの場面でも同様である。ここから見えてくるのは、ケアの論理とコミュニズムの論理は通底しており、ケアについて考えることは、人間が社会的動物であるという、その社会性と共同性の根源を考えることにつながるものだということにほかならない。

弱さと共同性

キリスト教や仏教などの世界宗教が、その根幹に苦しみの経験をおき、受苦と弱さの経験の周囲に家族や氏族とは異なる共同性を形づくったことには大きな意味がある。それを原初的な「ケアの共同性」と呼んでもいいだろう。そもそもどんな動物もその生の始まりと終わりは弱い存在であるわけだが、その時期のあり方がとりわけ人間の社会性を考えるうえできわめて示唆に富む。

霊長類学者の松沢哲郎は、他の霊長類と比較して人間の乳児の子育てにどのような特徴があるか考察している［松沢　二〇一一］。たとえばチンパンジーの赤ちゃんは生後三か月のあいだ一日中ずっと母親にくっついているのが普通なので、寝かせても仰向けでじっとしていることができない。ニホンザルの場合は生後すぐでも「起き上がり反射」をしてうつ伏せになってしまう。これに対し、仰向けの状態で安定していられるのは人間の赤ちゃんの際立った特徴なのだ。

チンパンジーの場合、メスは子どもを約五年に一度産み、一人で子育てをする。授乳は四歳頃まで続き、そのあいだは生理が止まっている。五歳になって子どもが独り立ちするとまた次の子どもを産む。対するに人間の場合、子どもが独り立ちする前に母親は次の子どもを産むことができる。その代わり子育てを一人ではなく、父親や祖父母や他の人を巻き込んで一緒にする。そのことで母親は他の子どもの世話をしたり、別のことをしたりすることが可能になる。赤ん坊は母親にずっとくっついているのではなく、母親が何かしているあいだ一人で仰向けの状態でじっとしていなくてはならないが、そのことで他の人が顔をのぞきこみ、目と目が合う余地が生まれる。哺乳類のなかでも赤ん坊が母親にしがみつくのは霊長類だけであり、さらにそのなかでも目と目が合うのは人間と大型類人猿だけである。それは親と子が離れることによってはじめて可能になった。それはまた、何かあったときに声で呼ぶ必要が生じたということでもある。夜泣きをするのは人間の赤ちゃんだけである。離れた者どうしが音声で互いを呼び確認し合う、というのが人間のことばの始まりの光景なのである。

つまり、人間の子どもは母親から離れ、いわばより脆弱な存在になることでかえって、母親以外の者との関係性や言語によるコミュニケーションを育んできたと考えられる。このことが人間の社会性の基盤にあるのだとすると、苦しむ者、弱き者、助けを必要としている者とともに生きるためのケアの論理は、人間が人間であることの根源を照らし出すものだと言えるかもしれない。

ケアについて考える人類学

しかしながら、私たちはケアの論理だけにもとづく社会を構想しようというのではない。なぜならどのような社会にも、ケアやコミュニズムの論理のようなものが見出される一方で、選択や交換の論理、ヒエラルキーの論理といったものも見出されるからである。単一の論理だけで組織された社会などというのはありえない。したがって現代の人類学は、近代や国家の外部にある社会や文化を描き出してそれらを比較するのではなく、ある実践の場における複数の論理を取り出して比較することをとおして、「人間とは何か」について考えるのである。

論理といっても、それはことばで明確に表現されるものではなく、実践のなか、建物や習慣や機械のなかに埋め込まれているパターンでありスタイルを指している。同じ時空で行われる実践であってもそこにはさまざまな行為と思考のモードが共存し混じり合っているものである。人類学者はその場に身を浸しながらなんらかの一貫性を徐々に見出していき、その複数の理《ことわり》を抽出し蒸留し純化して比較する。それは近代的な合理性とも違うし、フィールドの人びとが自身の行為についてことばで説明するものと必ずしも一致するわけでもない。それでもあるローカルな実践の場において「理にかなった」ものと感じられているものであり、ケアの論理やコミュニズムの論理もまたそのような理なのである。

かつてそれらの理は未開社会に特有の、自分たちのものとは違った論理のように考えられていた。だが、今や人類学者たちはそれを都市のまっただなか、国家の公的サービスの内側、企業の最先端においても見出すようみずからの知覚を鍛えてきた。では、個人主義、選択の論理、交換の論理とは異なるケアの論理、コミュニズムの論理を見出し、鍛え上げることにはどんな意味があるだろうか。

相模原市で自営業を営みながら、地域通貨を生活の一部として用いその普及に努めている三十代のある男性は筆者にこう語った。「よくそんな不安定な生き方で不安にならないねと言われるのですが、私には、企業に就職して、国家の通貨にだけ頼る方がよっぽど不安なのです。そう感じている人は今増えていると思いますよ」。

この男性と同じように人類学者には、現代の社会ではあるひとつの論理（たとえば交換の論理や選択の論理）だけがあらゆる領域において全面化しすぎているように感じられるのだ。私たちは、現在支配的なものとはもっと別の仕方で生きることができるのではないか。たしかに私たちが生きるグローバル化の時代は、裏を返すと、未来の不確実性が格段に高まった時代でもある。働いていた会社が突然倒産する、銀行に預けていたお金がある日紙切れ同然になる、災害で家をなくす、病気で働けなくなるというようなことがいつ誰に起こるかわからないような世界に私たちは生きている。そのとき、何を当てにして私たちは生きていくのか。お金と保険会社だけを当てにするのか。それとも別のものを当てにできるのか。ケアについて考えることは、弱き存在である人類が、不確実性に満ちた世界のなかで生き延びる道をどのようにして育んできたのかを考えることである。それは人類史のなかで現在をとらえ、私たち自身の今ここでの思考と実践を変えることで、異なる明日と異なる共同性を開く道でもある。

（松嶋　健）

コラム 12

民族誌、実践誌、人類学

フィールドワークをして民族誌を書く。この「人類学＝民族誌」というイメージに異を唱えたのがティム・インゴルドである［Ingold 2008, 2017］。民族誌が、ある時点と場所の一群の人びとが現に経験した生について記述し説明を与えることであるのに対し、人類学の目的は別の位相にある。だがそれは、フィールドにおける見聞を「民族誌的データ」や「事例研究《ケーススタディ》」にしてなされる社会や文化の一般化された比較のことではない。インゴルドが定義する人類学とは、「私たち皆が住んでいる一つの世界のなかでの人間の生の諸条件と可能性についての、寛大で、オープンエンドな、比較による、批判的探究」にほかならない。

ラドクリフ=ブラウンは、社会は実体ではなく過程だとした［ラドクリフ=ブラウン　1975］。インゴルドはこの見方を受け継いでそれに「社会的生」という名を与え、「社会的」の意味を心と世界が本質的に相互浸透する点に見出す。これと似た立場から「実践誌」を標榜するのがアネマリー・モルである。動脈硬化のような病気を取り上げながら、病気が単独で実体として存在しているのではなく、かといって言説によって構築されているのでもなく、身体や機器、言説などを含む多様な実践によって現実となっている様態が描き出される［モル　2016］。実践誌の対象は、民族や文化ではなく、現実をリアルなものとしている諸々の実践である。それは同時に現実を変える糸口を見出すことにもつながる。

人類学を規定するのは、民族誌でもなければ対象とされるフィールドでもない。ある営みを人類学たらしめているのは、人びとについて（of）の研究ではなく、人びとともに（with）学ぶという構えである［Ingold 2008］。参与観察はデータ収集のための方法ではなく全存在的な参入であって、だからこそそこに学びが生じる。学びによる変容を経験した人は世界を別様に見たり感じたりするようになる。人類学するとは、みずからの存在と実践の変容をとおして世界が変わることを実際に体験し、そこから考えることなのである。

13 市民社会と政治――牛もカラスもいる世界で

市民と、市民でない人

国政選挙のあと、学生たちと選挙結果についてしゃべることがあった。ある学生は選挙結果が期待したものと違っていたことに落胆し、「今回の結果は無知な人びとがよく考えず、わかりやすいことばに流されて投票したことが原因だ。もっと人びとが政治について学ぶ場をつくって、それぞれが自分の頭で考えられるようになることが大事だ」と熱っぽく語った。そこに集まった多くの学生たちは――もともと「意識の高い」学生であることもあって――、多くが賛同した。しばらくして、ずっと黙っていた一人の学生が発言した。「そういう誰かを無知とする語りこそが、人びとのあいだに分断を生むのではないのかな。それが今回の選挙結果を導いたと僕は考える」。彼のことばにそこに集まった学生たちは沈黙した。

このやりとりには、「市民」というものをどのように考えているのか重要な論点が現れている。つまり、「政治や社会の課題について学び、自分が何をすべきか考えられるようになった個人」によって社会が担われるべきという考え方に対して、このような考え方では「市民」と「それ以外の人びと」の分断が生まれてしまうことへの危惧が示されている。

一九六〇年、石牟礼道子は同じ問いを発した。『苦海浄土』の一節「さまよいの旗」で彼女は次のように書く〔石牟礼 二〇〇四〕。水俣市で日米安全保障条約（以下、「安保条約」）の改定に反対する四〇〇〇人のデモの隊列が出発しようとしていた。そこに、大漁旗を手にした三〇〇人ほどの漁民たちが現れた。彼らは、水俣病が起こり、漁ができなくなったことへの異議申し立てのために、原因企業であるチッソの工場に出かけ、すげなく追い返されたところだった。漁民たちに遭遇した安保反対デモのリーダーは「皆さん、漁民のデモ隊が安保のデモ隊に合流されます。……皆さん拍手をもって、おむかえしましょう」と言った。このことばに対して、安保デモに参加していた石牟礼は「あのとき、安保デモは、「皆さん、漁民デモ隊に安保デモも合流しましょう」と言わなかった」と言う。

安保デモの主題は平和だった。改定される安保条約では、「極東における国際の平和及び安全」のために日本全土の基地を使えるようになり、アメリカの軍事行動に日本がまきこまれる危険が高まることが危惧されていた。にもかかわらず、当時の政府や与党は改定に突き進んでいった。これに異議を唱える人びとが、路上に出て行った。一方、水俣の漁民が主題にしていたのは生存であった。地元の海で魚が採れなくなり、自分や家族が水俣病になった。自分たちが生存の危機に直面するなかでやむにやまれずチッソの工場に出かけた。石牟礼のことばに注目した栗原彬は、平和と市民を求める人びとと、漁民／公害患者のようなマイノリティとが遭遇する場面において、前者がみずからの寄って立つ正義よりも重要度の低いものとして、後者の抱える課題を位置づけたのだとする〔栗原 二〇一五〕。

石牟礼や栗原が見いだしたのは、「市民としての政治」や「市民社会」の外部に置かれた人びとの存在である。もとより、日本において「市民」は大衆ということばとは違った意味あいで使われてきた。じっさい、一九六〇年の安保条約改定時の首相である岸信介が言ったように、国民の多くは安保条約改定には無関心であり、プロ野球の球場を連日満員の観客が埋め尽くしていた。その声を上げない大多数の人びと＝大衆に対し、市民は国や社会のあり方を批判的にとらえる視野をもち、ときに異議を唱え修正を迫ることのできる、自由な精神と行動力を備えた存在である。そして、そのような自立した市民によって担われるのが市民社会である、と丸山眞男や大塚久雄ら啓蒙派知識人たちは語ってきた。しかしこの語りは、市民と市民でない人の区分を前提とする。市民でない人には、声を上げない多くの大衆や、声を上げても無視されるマイノリティの双方がいる。

これは日本に限った話ではない。たとえば、フィリピンにおいても民主主義の担い手となる市民と、それ以外の大衆を分ける視点は存在する〔日下 二〇一三〕。フィリピンにおいて、大衆は多くの場合貧困層に属し、「市民」に比べて知的・道徳的にも劣った存在であるとされる。一方、「大衆」とされる人びとから見れば「市民」は、多くの場合高学歴であり、自分たちに対して上からものを言う「エリート」でもあるといえる。この見方では、公正さを求める「大衆」の意志は無視される。

デモの参与観察

ある日、国会議事堂前で行われているデモに参加した。そのデモは、政府が提出した法案に反対するもので、平日の夜にもかかわらず、多くの人たちが歩道を埋めて声を上げていた。仕事帰りらしいスーツ姿の人もいれば、学生や仕事を引退したであろう年齢の人びともいた。自作のプラカードを持ったり、何か楽器を持ったり、あるいはスマートフォンで現場の様子を撮影したりしていた。デモの先頭はメディアのフラッシュがたかれてまぶしかったが、警備にあたる警察官と衝突する場面もほとんどなかった。見ず知らずの人と密集しながら、太鼓の音に導かれながら前でコールする人に続いて、同じことばを大声で叫ぶことには、お祭のような一体感もあった。人びとをかき分けて歩いていると、知りあいから声をかけられた。彼とはふだんは政治的な議論をしたことはなく、最初は意外な感じがしたが、しかしそこで出会ったことでこれまで以上の親しみを感じるようになった。一方、別の政治活動に一緒に参加したことのある人と再会し、この日のデモの人の集まり具合や、それぞれの近況について語ったりもした。

つまりデモは日常生活では現れてこない人びとの政治的志向が露わになり、その共通性にもとづいて出会いが起こる場でもある。同時に、街中で大きな声を出す、路上で腕をかかげるなど、ふだんはためらう行為を多くの人と一緒にすることで生まれる解放感もある。

このような状況を分析するため、ヴィクター・ターナーの「コミュニタス論」やそれに刺激された山口昌男の「中心と周縁論」はひとつの手がかりになる。ターナーは、安定していた社会秩序が崩れた状況をリミナリティ（境界性）と呼び、注目する［ターナー　一九九六］。そこでは、ふだんは危険なもの、怪しいものとして遠ざけられていた行為や存在が聖性を帯び、上下関係や属性による違いを超えて人と人、人とモノが束の間に結びつくコミュニタス（反構造）が現れる。山口はここに、既存の社会秩序を転倒しあらたな秩序をもたらす生成力を見いだし、社会が活性化して行く動態を描きだしていく［山口　二〇〇〇］。つまり、デモはふだん見えなくなっているものが表に現れる場であり、人と人とが日常とは別のかたちで出会う場であると考えられる。

自身、反グローバリゼーション運動のアクティヴィストでもある、デヴィッド・グレーバーは、知識人による支配的システムの批判が多くの場合、難解な理論をひけらかすことに終わっている点を批判する［Graeber 2001］。そして、支配的システムのただなかでよりよい生を求める人びとの営みに注目し、それが端的に現れる場としてデモを定位する。反グローバリゼーション運動において、人びとは富による独占や、多数決による議決によって、自分たちの主張が無視されていることに怒っている。だから、彼らが運動のなかで行う合意形成は、既存の社会に対して、人びとの多様な意見を排除しない対話が重視される。グレーバーは、コーヒーショップでのインフォーマルな会話から、じっさいに路上で展開されるデモ、そして大きな行動の前にそれぞれが持ち寄った意見をすりあわせる過程など、人びとがよりひらかれた対話の技法を模索する姿を描く［Graeber 2009］。

しかし、ここで留意しなければならないのは、デモの場面で生まれる一体感が不可視にするものの存在である。たとえば、私が参加したデモでは、「国民なめるな」というコールがあり、政府の政策に抗議する参加者の声はそこで一段と大きくなった。別の理由で国会議事堂近くにやってきて、デモに遭遇した外国籍の友人は、政策には賛同できないが、「国民」という単位で法案に対する抗議をするかのようなコールを、参加した人たちが一体となって連呼する姿に、自分の居場所のなさを感じた、と私に語った。それは、かつての安保のデモで石牟礼が抱いた違和感につうじる。

重要なのは、デモが生みだすコミュニタスに一体化できない人びとの存在を、つねに気にかけることだ。それは、市民社会というものがさまざまな分裂を内側に孕みながら存在していると考えることでもある。

「市民社会」を超えていく現場

既存の市民社会論において前提とされるのは、自由で自立した個人である。そして、この自由で自立した個人が、国家の支配層に対して、選挙やデモなどの合法的な手段で政治的な主張を行い、社会を「より良いもの」に変革していくというイメージをもつ。

一方、文化人類学者は近代国家システムが浸透しきっていない地域で暮らす人びとや、無文字社会に暮らす人びととの紛争とその調停のあり方に関心をもってきた。たとえば、マルセル・モースの弟子であったきだみのるは、第二次世界大戦から敗戦後までの時期に東京の西端の山村に暮らした。彼は人びとの暮らしを丁寧に観察し、敬語や女性語がないこと、困ったときの助けあい、自然資源の分配の公正さから、村落を平等に、民主的に組織されたものととらえる〔きだ　一九六七〕。マレーシアの農村でフィールドワークを行ったジェームズ・スコットは、デモやストライキといった合法的な抗議手段に訴えることのできない小作農たちが、逃散、サボタージュ、密猟といった手段を使ってみずからの要求を満たしていくところに、弱者のしたたかな政治を見いだす〔Scott 1985〕。市民社会論において、きだやスコットが共に暮らした人びとは議論の対象にならないか、無知な啓蒙の対象として扱われるだろう。事実、きだの語りは進駐してきた連合軍の検閲に引っかかり、日本が民主的であるはずはなく、封建的なのだと断じられた。

このように文化人類学の議論は、近代国家システムに焦点をあてると見えてこない人びとの営みに注目することで、近代国家システムやそれを前提にする議論——たとえば、右記の意味での「市民社会論」——の相対化を図ってきた。それは、市民／大衆／マイノリティの分断という市民社会論の困難を乗り越えていく手がかりとなる。

市民社会をめぐる議論を人類学的に考察するうえで重要なのは、知識人や運動のリーダーの言説ではなく、政治的な場に参加する人びとがそこで何を経験しているのかに注目することである。それはまた、国家や支配集団だけでなく、対抗する主張をもつ勢力や、石牟礼が出会った水俣の漁民たちのように、自分たちの声を発しても聴く耳をもたれないマイノリティ、さらにいえば人間以外の存在も含めた地域の関係のなかに、市民社会を位置づけることである。冒頭の学生の問いかけは、観念としての「市民社会」に留まって展開される議論に対して、むしろじっさいに市民社会が実演される現場にこそ眼を向けるべきだというメッセージを発していたと読みとることができる。

たとえば田辺明生が調査したインド・オリッサの村落社会では、支配カーストを中心とする派閥政治が横行し、汚職もはびこっていた。低カーストは政治的過程からは排除されていた。そんななか一九九〇年代初頭に起こった地方自治改革では、低カーストや女性たちに地方議会の議席を一定枠割り当てられる改革がなされた。その結果、これまで排除されてきた低カーストや女性が政治過程に参加するとともに、既存の派閥政治は見直しを迫られるようになった。田辺は地域政治に参加した低カーストの人びとへの聞き取りを行い、興味深い事実を見いだす。彼らはしばしば、「義務」や「奉仕」といったカースト分業にかかわる伝統的なことば遣いをしていた。しかしそれは、伝統的な分業体制におけるそれぞれの集団の役割を正当化し、固定化することを認める語りではなく、社会を構成する多元的な集団が地域政治において役割を果たしていくべきものであるという文脈において語られていたのである。

田辺は、カースト・階級・宗教・地縁・親族などの関係性のなかにありながら、人びとがそれに束縛されるだけでなく、そうした関係性を積極的に利用したり、別のありようにつくりなおしたりしながら、政治過程における発言力を確保している姿を描く。政治は、市民としての平等性を求め、国家や既存の共同体がもつ抑圧からの解放をめざす市民社会の動きというよりも、既存の共同体のなかに生きる個人が関係性のなかにある日常を積極的に引き受け、そのなかで自己のあり様をより多元的なものにひらくために、関係性のあり様を編みなおしていく日々の営為として提示される［田辺 二〇一〇］。このとき自由や平等といった市民社会の規範が社会の隅々にまで浸透し、人びとに内面化される過程としてのこれまでの理解とは異なる、市民社会の展開が見えてくる。

さらにいえば、グレーバーが描いたアクティヴィストの対話の技法も、それを生みだした文脈に埋めこまれている。何もかも市場の領域に取りこみながら、価値の増殖を図る新自由主義的なグローバリゼーションとそれが生みだす経済格差、インターネットなど地理的制約を超えてコミュニケーションを円滑化させるテクノロジーの発達。こうした現代社会に固有の事柄が、反グローバリゼーション運動を支えている。であるならば、グレーバーが提示した対話の技法を絶対化するのではなく、多様な現場でさまざまな存在――そこには人間以外の存在も含まれる――が政治にかかわるために編みだされてきた技法に注目することが必要である。

牛も、カラスもいる世界で

私たちの議論の範囲を、人間以外の存在まで広げてみたら、何が見えてくるだろうか。

筆者が調査をおこなった高知県旧窪川町に一九八〇年代におこった原子力発電所立地計画の反対運動では、立地計画を白紙撤回するために酪農という生業と、飼育される乳牛が大きな役割を果たしていた［猪瀬　二〇一五］。この町では、原発計画が表面化してから数年にわたって原発推進―反対に分かれた争議がおこなわれた。この間、町長リコールや出直し町長・町議会議員選挙などがおこなわれ、また集落レベルでも原発をめぐる議論が続いた。そんななか、当初から反対運動の中心におり、町議会議員（以下、町議）もつとめていたある酪農家は、推進側の中心人物である町議の住む集落の知人に、自分の乳牛を預けていた。彼は、週に一回知人の家に預けた牛の様子を見にでかけた。牛の様子をみた足で、同じく牛飼いでもあった推進派の町議の家を訪れ、茶を飲みながら話をした。乳牛の存在と、牛飼いであるという共通する経験が、原発をめぐって推進–反対で引き裂かれた二人のあいだに対話を生みだした。二人は原発の受け入れをめぐっては意見が割れたが、第一次産業振興への思いを共有していた。農業振興についての意見を交換しながら、反対派町議は折を見て、そろそろ原発問題にけりをつける時期である、と賛成派町議に訴えた。そして彼の長年の夢だった国営農地事業の誘致を応援することを約束し、原発計画の白紙撤回に合意させた。地域には多元的な関係が存在しており、またそのなかで人びとの思いもさまざまな方向に展開されていく。原発計画は、それを原発の受け入れに賛成なのか、反対なのかで一元的に峻別することを迫る。そんななかで、乳牛が二人の関係を媒介する。牛が原発問題の以前からあった関係への気づきを促し、町の将来をめぐる対話をもたらした。それが原発計画の白紙撤回をもたらす一助になっていった。

ここで重要なのは、政治的な場を地域に生きる人びとの暮らしのなかに位置づけることである。原発を白紙撤回に導く政治は、町議会での議論や、集会での代表者の発言だけではなく、原発問題が起こる前から続く人びとの生業や、原発問題が起きるなかでも持続している地域の人と人、人と生きものや自然との関係のなかに埋めこまれている。その丹念な記述こそが文化人類学の得意とするフィールドワークによってなしとげられるもののひとつである。

現在、福島県郡山市の一部になった山間部の集落には、一九七〇年代中ごろに食肉加工センターの建設が計画された。集落の人びとは県の担当者との交渉に際し、全員で県庁に向かった。代表交渉はせず、参加者一人ひとりが智恵を出し、建設を阻止するためのことばをつむいだ。ふだんは本などを開かない人たちも、それぞれが自然のなかで感知し、手に入れた情報を提示しつつ、自分たちの生活の水を汚染する可能性のある施設の建設を拒否した。ある日の県庁での交渉では、自分の名前も書けたかあやしかった人が県庁職員に向けて発言した。

「屠畜場ができたら、カラスが胸焼けする」

なんのことかと首をかしげたのは、農林部長だけではなかった。集落の人たちも最初は真意がわからなかった。彼はことばを続けた。屠畜場から出された内臓をカラスがついばむ。カラスは肉ばっかり食べると胸焼けするから、農家のつくった野菜をついばむようになる。彼は、別の地域の屠畜場のまわりに住む知りあいがカラスの被害で困っている、という話を聞いていた。仲間からも訝しがられたことばは、しかしこの運動が誰のことばも最後まで耳を傾ける雰囲気をつくりだしたことで、その人固有の経験に根ざした、筋のとおった発言として受けとめられた。運動にかかわった人びとは、このような対話の技法が生みだされたのは、集落の入会地から生まれたのではないかと語る。入会地の管理のために、この集落の人びとは多数決を用いない。全会一致が得られるまで、全員が責任をもって発言し、じっくりと話しあう。もし全会一致にいたらないときは、「風くっちょけ」と、棚上げにする。

同じように、安保のデモ隊が、漁民たちの海が汚されて魚が獲れなくなった、家族が水俣病に倒れたという声に耳を傾けることは、海や魚の中で生きていたその命の営みのなかで市民社会をつくりなおすことにつながる。冒頭の学生の疑問は、今私たちが行う政治的行為が、じつはいずれの陣営も観念としての「市民社会」にしかよりどころがなく、地域の多元的な関係が不在であることを暴いた。だから、それを聞いた人びとは沈黙することしかできなかった。

であれば、政治的な場は国会議事堂の中や、国会議事堂の前にあるだけではなく、私たちの身近な、しかしそこに市民社会や政治があるとはふつう思われていない場所にあると考えることが、政治を身近なものと考えるために大切だ。あなたが毎日過ごす大学のラウンジが、学生のためといわれているけれど、じつは学生の声をほとんど聞かずに作られていると知り、誰かにそれはおかしいとつぶやいてみる。あるいは家で飼っている犬の看病のため、上司の唖然とする顔を無視して仕事を休む。そのささいなことからはじまる政治があり、そこに現れる政治的な場がある。

（猪瀬浩平）

コラム 13

デヴィッド・グレーバー　アナキズムと人類学

デヴィッド・グレーバーは、アナキズムに共感する熱心な活動家でもあった労働者夫婦の子として生まれた。幼いころから、労働者の自己管理といった事柄は身近なものとしてあり、資本や国家による管理に疑いの目をもっていた。1980 年代から 1990 年代まで、彼は人類学者としての教育を受けた。当時の大学では、政治の季節である 1960 年代は過ぎ去り、ポストモダン理論が全盛であった。西洋的思考の枠組みを観念的に批判することが重視され、現実を変革しようとする運動を冷笑する雰囲気に満ちていた。難解な理論がアカデミズムを席巻する一方で、ふつうの人びとは保守化し、支配的な世界観を疑わなくなっていった。アカデミズムは結局、資本や国家を補完していたのだ。

グレーバーは 1989 年から 2 年間、マダガスカルでフィールドワークを行う。彼が暮らした小さな町では地方政府が実質的に機能停止していた。国家や警察によって秩序が維持されていると信じるものならば、略奪や暴力など大混乱が生じると想像する。しかしこの状況で、人びとは平穏に過ごし、時に起きる揉め事をみずからの力で解決していた。そして共同体の意思決定も異議をさしはさんだ一人が納得できるまで延々と対話を続けていた。

マダガスカルにおける人類学者としての経験が、彼を育んだアナキズムと結びつき、グレーバーは少数国家や資本の論理からも自律した空間がありえることを、研究と実践の両面から表すことを試みる。人間の関係をすべて互酬性の論理で理解する人類学主流派の議論への批判。どんな犠牲を払ってでも負債（借金）は返済すべきというモラリティが、じつは国家と市場が結託するなかで生みだされ、ゆがんだかたちで弱者に押し付けられていることの暴露。彼の生みだす言説は、今とは違う世界をつくろうとする人びとの運動の理論的な基盤になり、彼もまたその運動に参加する一人として 2011 年にウォールストリート占拠などの現場に立った。

参考文献

日本語文献

アパデュライ、アルジュン　二〇〇四『さまよえる近代――グローバル化の文化研究』（門田健一訳）平凡社。

アパドゥライ、アルジュン　二〇一〇『グローバリゼーションと暴力――マイノリティーの恐怖』（藤倉達郎訳）世界思想社。

アーリ、ジョン　二〇一五『モビリティーズ――移動の社会学』（吉原直樹・伊藤嘉高訳）作品社。

アンダーソン、ベネディクト　二〇〇七『定本　想像の共同体――ナショナリズムの起源と流行』（白石隆・白石さや訳）書籍工房早山。

石牟礼道子　二〇〇四『苦海浄土――わが水俣病』講談社文庫。

市川光雄　一九九一「平等主義の進化史的考察」田中二郎・掛谷誠編『ヒトの自然誌』平凡社。

猪瀬浩平　二〇一五『むらと原発――窪川原発計画をもみ消した四万十の人びと』農山漁村文化協会。

ウィラースレフ、レーン　二〇一八『ソウル・ハンターズ――シベリア・ユカギールのアニミズムの人類学』（奥野克巳・近藤祉秋・古川不可知訳）亜紀書房。

ウェーバー、マックス　二〇〇五『社会学論集――方法・宗教・政治』（浜島朗・徳永恂訳）青木書店。

牛島巌　一九八七『ヤップ島の社会と交換』弘文堂。

――　二〇〇二「携えるカネ、据え置くカネ――ヤップ島の石貨」小馬徹編『カネと人生』雄山閣。

エヴァンズ＝プリチャード、E・E　一九九七『ヌアー族――ナイル系一民族の生業形態と政治制度の調査記録』（向井元子訳）平凡社ライブラリー。

――　二〇〇一『アザンデ人の世界――妖術・託宣・呪術』（向井元子訳）みすず書房。

小川さやか　二〇一六「仕事は仕事――東アフリカ諸国におけるインフォーマル経済のダイナミズム」中谷文美・宇田川妙子編『仕事の人類学――労働中心主義の向こうへ』世界思想社。

小田博志・関雄二編　二〇一四『平和の人類学』法律文化社。

オング、アイファ　二〇一三『《アジア》、例外としての新自由主義――経済成長は、いかに統治と人々に突然変異をもたらすのか？』（加藤敦典・新ケ江章友・高原幸子訳）作品社。

カルドー、メアリー　二〇〇三『新戦争論――グローバル時代の組織的暴力』（山本武彦・渡部正樹編）岩波書店。

ガルトゥング、ヨハン　一九九一『構造的暴力と平和』（高柳先男・塩谷保・酒井由美子訳）中央大学出版部。

ギアーツ、クリフォード　一九八七『文化の解釈学（Ⅰ・Ⅱ）』（吉田禎吾・柳川啓一・中牧弘允・板橋作美訳）岩波書店。

ギアツ、クリフォード　一九九〇『ヌガラ――19世紀バリの劇場国家』（小泉潤二訳）みすず書房。

きだみのる　一九六七『にっぽん部落』岩波新書。

木村重信　一九九四『民族美術の源流を求めて』NTT出版。

――　二〇〇〇『民族芸術学』思文閣出版。

クラストル、ピエール　一九八九『国家に抗する社会――政治人類学研究』（渡辺公三訳）水声社。

日下渉　二〇一三『反市民の政治学――フィリピンの民主主義と道徳』法政大学出版局。

――　二〇〇三『暴力の考古学――未開社会における戦争』（毬藻充訳）現代企画室。

栗原彬　二〇一五「一九六〇年前後――政治の季節の市民の存立と人間の非在」栗原彬編『六〇年安保――一九六〇年前後（ひとびとの精神史第3巻）』岩波書店。

クリフォード、ジェイムズ　二〇〇二『ルーツ――20世紀後期の旅と翻訳』（毛利嘉孝他訳）月曜社。

――　二〇〇三『文化の窮状――二十世紀の民族誌、文学、芸術』（太田好信・慶田勝彦・清水展・浜本満・古谷嘉章・星埜守之訳）人文書院。

グレーバー、デヴィッド　二〇一六『負債論――貨幣と暴力の五〇〇〇年』（酒井隆史監訳）以文社。

コットン、C・M　二〇〇四『民族植物学――原理と応用』（木俣美樹男・石川裕子訳）八坂書房。

ゴドリエ、モーリス　二〇〇〇『贈与の謎』（山内昶訳）法政大学出版局。

桜井英治　二〇一一『贈与の歴史学――儀礼と経済のあいだ』中公新書。

サーリンズ、マーシャル　一九八四『石器時代の経済学』（山内昶訳）法政大学出版局。

――　一九七六「プア・マン　リッチ・マン　ビッグ・マン　チーフ――メラネシアとポリネシアにおける政治組織の類

型」E・サーヴィス & M・サーリンズ編『進化と文化』（山田隆治訳）新泉社。

沢山美果子　二〇一三『近代家族と子育て』吉川弘文館。

スコット、ジェームズ・C　二〇一三『ゾミア――脱国家の世界史』（佐藤仁監訳）みすず書房。

ストラザーン、マリリン　一九八七「自然でもなく文化でもなく――ハーゲンの場合」アードナー、エドウィン他著『男が文化で、女は自然か？――性差の文化人類学』（山崎カヲル監訳）晶文社。

スミス、アダム　二〇〇七『国富論――国の豊かさの本質と原因についての研究（上）』（山岡洋一訳）日本経済新聞出版社。

タイラー、エドワード・B　一九六二『原始文化――神話・哲学・宗教・言語・芸能・風習に関する研究』（比屋根安定訳）誠信書房。

ターナー、ヴィクター・W　一九九六『儀礼の過程』（富倉光雄訳）新思索社。

田中二郎　一九七七『ブッシュマン――生態人類学的研究（第2版）』思索社。

田辺明生　二〇一〇『カーストと平等性――インド社会の歴史人類学』東京大学出版会。

田辺繁治　二〇〇八『ケアのコミュニティ――北タイのエイズ自助グループが切り開くもの』岩波書店。

タンバイア、スタンレー・J　一九九六『呪術・科学・宗教――人類学における「普遍」と「相対」』（多和田裕司訳）思文閣出版。

チェンバース、ロバート　一九九五『第三世界の農村開発――貧困の解決　私たちにできること』（穂積智夫・甲斐田万智子監訳）明石書店。

デュルケム、エミル　一九四一『宗教生活の原初形態（上・下）』（古野清人訳）岩波文庫。

則竹賢　二〇〇四「ミクロネシア・ヤップ社会における伝統の表象と実践――ヤップデーを事例として」『アジア経済』四五巻一号、二―二一頁。

バダンテール、エリザベート　一九九八『母性という神話』（鈴木晶訳）ちくま学芸文庫。

バトラー、ジュディス　二〇〇四『触発する言葉――言語・権力・行為体』（竹村和子訳）岩波書店。

早川真悠　二〇一五『ハイパー・インフレの人類学――ジンバブエ「危機」下の多元的貨幣経済』人文書院。

ハラウェイ、ダナ　二〇〇〇『猿と女とサイボーグ――自然の再発明』（高橋さきの訳）青土社。

――――　二〇一三『犬と人が出会うとき――異種協働のポリティクス』（高橋さきの訳）青土社。

バーリン、ブレント ＆ ポール・ケイ 二〇一六『基本の色彩語――普遍性と進化について』（日高杏子訳）法政大学出版局。

フォーテス、M ＆ E・E・エヴァンス＝プリッチャード編 一九七二『アフリカの伝統的政治体系』（大森元吉ほか訳）みすず書房。

フーコー、ミシェル 二〇〇七『安全・領土・人口――コレージュ・ド・フランス講義一九七七―一九七八年度』（高桑和巳訳）筑摩書房。

古谷嘉章 二〇〇一『異種混淆の近代と人類学――ラテンアメリカのコンタクト・ゾーンから』人文書院。

フレイザー、ジェームズ・G 二〇〇三『初版 金枝篇（上・下）』（吉川信訳）ちくま学芸文庫。

フレイザー、ナンシー ＆ アクセル・ホネット 二〇一二『再配分か承認か？ 政治・哲学論争』（加藤泰史監訳）法政大学出版局。

プロトキン、マーク 一九九九『シャーマンの弟子になった民族植物学者の話（上・下）』（屋代通子訳）築地書館。

ベネディクト、ルース 一九六七『菊と刀――日本文化の型』（長谷川松治訳）社会思想社。

ペトリーナ、アドリアナ 二〇一六『曝された生――チェルノブイリ後の生物学的市民』（粥川準二監訳、森本麻衣子・若松文貴訳）人文書院。

ベルクソン、アンリ 二〇一〇『創造的進化』（合田正人・松井久訳）ちくま学芸文庫。

ボアズ、フランツ 二〇一一『プリミティヴアート』（大村敬一訳）言叢社。

ホブズボウム、エリック ＆ テレンス・レンジャー編 一九九二『創られた伝統』（前川啓治・梶原景昭ほか訳）紀伊国屋書店。

ホブズボーム、E・J 二〇〇一『ナショナリズムの歴史と現在』（浜林正夫・嶋田耕也・庄司信訳）大月書店。

ボヌイユ、クリストフ ＆ ジャン＝バティスト・フレソズ 二〇一八『人新世とは何か――〈地球と人類の時代〉の思想史』（野坂しおり訳）青土社。

ホネット、アクセル 二〇〇三『承認をめぐる闘争――社会的コンフリクトの道徳的文法』（山本啓・直江清隆訳）法政大学出版局。

ポランニー、カール 二〇〇五『人間の経済I――市場社会の虚構性』（玉野井芳郎・栗本慎一郎訳）岩波書店。

ホルツマン、ジョン 二〇一六「悪い友人と良い敵――サンブル・ポコット・トゥルカナの三者関係における平和と暴力の構築」（楠和樹訳）、松田素二・平野（野元）美佐編『紛争をおさめる文化――不完全性とブリコラージュの実践』京都大学学術出版会。

牧原憲夫　一九九八『客分と国民のあいだ――近代民衆の政治意識』吉川弘文館。

松岡悦子編　二〇一七『子どもを産む・家族をつくる人類学――オールターナティブへの誘い』勉誠出版。

松沢哲郎　二〇一一『想像するちから――チンパンジーが教えてくれた人間の心』岩波書店。

松嶋健　二〇一四『プシコ　ナウティカ――イタリア精神医療の人類学』世界思想社。

松田素二　二〇一三「暴動を予防する身体――ナイロビにおける二〇〇七－二〇〇八選挙後暴力の事例から」菅原和孝編『身体化の人類学――認知・記憶・言語・他者』世界思想社。

松村圭一郎　二〇一七『うしろめたさの人類学』ミシマ社。

マリノフスキ、ブロニスワフ　二〇一〇『西太平洋の遠洋航海者――メラネシアのニュー・ギニア諸島における、住民たちの事業と冒険の報告』（増田義郎訳）講談社学術文庫。

マンキュー、N・グレゴリー　二〇一七『マンキュー　マクロ経済学Ⅰ入門篇（第4版）』（足立英之・地主敏樹・中谷武・柳川隆訳）東洋経済新報社。

モース、マルセル　一九七三『社会学と人類学Ⅰ』（有地亨・伊藤昌司・山口俊夫訳）弘文堂。

――　一九七六『社会学と人類学Ⅱ』（有地亨・山口俊夫訳）弘文堂。

――　二〇一四『贈与論　他二篇』（森山工訳）岩波文庫。

――＆アンリ・ユベール　一九八三『供犠』（小関藤一郎訳）法政大学出版局。

モル、アネマリー　二〇一六『多としての身体――医療実践における存在論』（浜田明範・田口陽子訳）水声社。

モルガン、ルイス・ヘンリー　一九五八『古代社会（上・下）』（青山道夫訳）岩波文庫。

ラトゥール、ブルーノ　一九九九『科学が作られているとき――人類学的考察』（川崎勝・高田紀代志訳）産業図書。

――　二〇〇七『科学論の実在――パンドラの希望』（川崎勝・平川秀幸訳）産業図書。

――　二〇〇八『虚構の「近代」――科学人類学は警告する』（川村久美子訳）新評論。

――　二〇一七『法が作られているとき――近代行政裁判の人類学的考察』（堀口真司訳）水声社。

ラドクリフ＝ブラウン、アルフレッド　一九七五『未開社会における構造と機能』（青柳まちこ訳）新泉社。

リーチ、エドマンド・R　一九七〇「未開芸術」E・E・エヴァンス=プリチャードほか著『人類学入門』（吉田禎吾訳）弘文堂。

――　一九八七『高地ビルマの政治体系』（関本照夫訳）弘文堂。

ルービン、ウィリアム編　一九九五『20世紀美術におけるプリミティヴィズム――「部族的」なるものと「モダン」なるものとの親縁性Ⅰ』（小林留美他訳）淡交社。

ルロワ=グーラン、アンドレ　二〇一二『身ぶりと言葉』（荒木亨訳）ちくま学芸文庫。

レヴィ=ストロース、クロード　一九七六『野生の思考』（大橋保夫訳）みすず書房。

――　二〇〇〇『親族の基本構造』（福井和美訳）青弓社。

――　二〇一六『火あぶりにされたサンタクロース』（中沢新一訳）角川書店。

ロサルド、ミシェル・Z　一九八七「女性・文化・社会――理論的概観」（時任生子訳）『男が文化で、女は自然か？――性差の文化人類学』（山崎カヲル監訳）晶文社。

ローズ、ニコラス　二〇一四『生そのものの政治学――二十一世紀の生物医学、権力、主体性』（檜垣立哉監訳、小倉拓也・佐古仁志・山崎吾郎訳）法政大学出版局。

柳父章　一九七七『翻訳の思想――「自然」とnature』平凡社選書。

山口昌男　二〇〇〇『文化と両義性』岩波現代文庫。

山田昌弘　一九九四『近代家族のゆくえ――家族と愛情のパラドックス』新曜社。

ユクスキュル、ヤーコプ・フォン　&　ゲオルク・クリサート　二〇〇五『生物から見た世界』（日高敏隆・羽田節子訳）岩波文庫。

吉田憲司　一九九九『文化の「発見」――驚異の部屋からヴァーチャル・ミュージアムまで』岩波書店。

吉本佳生・西田宗千佳　二〇一四『暗号が通貨《カネ》になる「ビットコイン」のからくり――「良貨」になりうる3つの理由』講談社。

ワグナー、ロイ　二〇〇〇『文化のインベンション』（山崎美恵・谷口佳子訳）玉川大学出版部。

外国語文献

Austen, Jane 2003 *Pride and Prejudice*. Penguin Classics.（Originally published in 1813）

Beattie, John 1969 Spirit Mediumship in Bunyoro. In *Spirit Mediumship and Society in Africa.* John Beattie and John Middleton (eds.), pp. 159–170. Routledge and Kegan Paul.

Bloch, Maurice and Jonathan Parry (eds.) 1989 *Money and the Morality of Exchange.* Cambridge University Press.

Buchli, Victor 2002 Introduction. In *The Material Culture Reader.* Buchli, Victor (ed.), pp. 1–22. Berg.

Carsten, Janet 1995 The Substance of Kinship and the Heat of the Hearth: Feeding, Personhood and Relatedness among Malays in Pulau Langkawi. *American Ethnologist* 22(2): 223–241.

——— 2003 *After Kinship*. Cambridge University Press.

Castel, Robert et Claudine Haroche 2001 *Propriété privée, propriété sociale, propriété de soi: Entretiens sur la construction de l'individu moderne.* Hachette Littératures.

Chakrabarty, Dipesh 2000 *Provincializing Europe: Postcolonial Thought and Historical Difference.* Princeton University Press.

Conklin, H. 1955a The Relation of Hanunóo Culture to the Plant World. Unpublished PhD Dissertation. Yale University.

——— 1955b Hanunóo Color Categories. *Southwestern Journal of Anthropology* 11(4): 339–344.

Comaroff, Jean and John Comaroff (eds.) 2006 *Law and Disorder in the Postcolony*. Chicago University Press.

Daniel, Valentine E. 1996 *Charred Lullabies: Chapters in an Anthropography of Violence*. Princeton University Press.

Danto, Arthur 1964 The Artworld. *The Journal of Philosophy* 61: 571–584.

Dickie, George 1974 *Art and the Aesthetic: An Institutional Analysis*. Cornell University Press.

Draper, Patricia 1976 Social and Economic Constraints on Child Life among the !Kung. In *Kalahari Hunter-Gatherers: Studies of the !Kung San and their Neighbors.* Richard B. Lee, & Irven DeVore (eds.), pp. 199–217. Harvard University Press.

Feldman, Allen 1991 *Formations of Violence: The Narrative of the Body and Political Terror in Northern Ireland*. The University of Chicago Press.

Firth, Raymond, Jane Hubert and Anthony Forge 1969 *Families and Their Relatives: Kinship in a Middle-Class Sector of London:* and Anthropological Study. Routledge & Kegan Paul.

Franklin, Sarah 2013 *Biological Relatives: IVF, Stem Cells, and the Future of Kinship*. Duke University Press.

Fujii, Lee Ann 2009 *Killing Neighbors: Webs of Violence in Rwanda*. Cornell University Press.

Gell, Alfred 1998 *Art and Agency: an Anthropological Theory*. Clarendon Press.

——— 1999 *Art of Anthropology: Essays and Diagrams*. Berg.

Graeber, David 2001 *Toward an Anthropological Theory of Value: The False Coin of Our Own Dreams*. Palgrave.

——— 2009 *Direct Action: An Ethnography*. AK Press.

——— 2015 Radical Alterity is Just Another Way of Saying "Reality": A Reply to Eduardo Viveiros de Castro. *HAU: Journal of Ethnographic Theory* 5: 1–41.

Gregory, Chris A. 1982 *Gifts and Commodities*. Academic Press.

Harrison, Simon 1993 *The Mask of War: Violence, Ritual, and the Self in Melanesia*. Manchester University Press.

Hayden, Corinne P. 1995 Gender, Genetics, and Generation: Reformulating Biology in Lesbian Kinship. *Cultural Anthropology* 10(1): 41–63.

Henare, Amiria, Martin Holbraad and Sari Wastell 2007 Introduction: Thinking through Things. In *Thinking through Things: Theorising Artefacts Ethnographically*. Amiria Henare, Martin Holbraad and Sari Wastell (eds.), pp. 1–31. Routledge.

Hinton, Alexander L. 2005 *Why Did They Kill?: Cambodia in the Shadow of Genocide*. University of California Press.

Howell, Nancy 1979 *The Demography of the Dobe !Kung*. Academic Press.

Howell, Signe 2006 *The Kinning of Foreigners: Transnational Adoption in a Global Perspective*. Berghahn Books.

Humphrey, Caroline 2007 Sovereignty. In *A Companion to the Anthropology of Politics*, David Nugent and Joan Vincent (eds.), pp. 418–436. Blackwell Publishing.

Ingold, Tim 2008 Anthropology is *Not* Ethnography. *Proceedings of the British Academy* 154: 69–92.

——— 2017 Anthropology Contra Ethnography. *HAU: Journal of Ethnographic Theory* 7(1): 21–26.

Kalyvas, Stathis N. 2006 *The Logic of Violence in Civil War*. Cambridge University Press.

Konner, Melvin J. 1976 Maternal Care, Infant Behavior and Development among the !Kung. In *Kalahari Hunter-Gatherers: Studies of the !Kung San and their Neighbors*. Richard B. Lee, and Irven DeVore (eds.), pp. 218–245. Harvard University Press.

——— 2016 Hunter-Gatherer Infancy and Childhood in the Context of Human Evolution. In *Childhood: Origins, Evolution, and Implications*. Courtney L. Meehan & Alyssa N. Crittenden (eds.), pp. 123–154. University of New Mexico Press.

Kopytoff, Igor 1986 The cultural biography of things: commoditization as process. In *The Social Life of Things: Commodities in Cultural Perspective*. Appadurai, Arjun (eds.), pp. 64–92. Cambridge University Press.

Krause, Jana 2017 Non-violence and Civilian Agency in Communal War: Evidence from Jos. Nigeria. *African Affairs* 116(463): 261–283.
Küchler, Susanne 2002 *Malanggan: Art, Memory and Sacrifice*. Berg.
Lancy, David F., John Bock, Suzanne Gaskins (eds.) 2010 *The Anthropology of Learning in Childhood*. AltaMira Press.
Latour, Bruno 1987 *Science in Action: How to Follow Scientists and Engineers thorough Society*. Haruard University Press.
——— 2011 *Pasteur: Guerre et Paix des Microbes: Suivi de Irréductions*. La Découverte. (英訳 *The Pasteurization of France*. Harvard University Press.)
——— and Steve Woolgar 1979 *Laboratory Life: The Social Construcrion of Scientific Facts*.
Lee, Richard B. 1979 *The !Kung San: Men, Women and Work in a Foraging Society*. Cambridge University Press.
Leroi-Gourhan, André 1943 *L'Homme et la Matière:* 577 dessins de láuteur. Albin Michel.
——— 1945 *Milieu et Techniques*. Albin Michel.
Lewis, I. M. 1966 Spirit Possession and Deprivation Cult. *Man* (N. S.) 1(3): 307–329.
Lienhardt, Godfrey 1967 Modes of Thought. In *The Institutions of Primitive Society: A Series of Broadcast Talks*. E. E. Evans-Pritchard et al., pp. 95–107. Basil Blackwell.
Maček, Ivana 2009 *Sarajevo under Siege: Anthropology in Wartime*. University of Pennsylvania Press.
Marcus, George E. and Fred R. Myers (eds.) 1995 *The Traffic in Culture: Refiguring Art and Anthropology*. University of California Press.
Markus, Hazel R. and Shinobu Kitayama 1991 Culture and the Self: Implications for Cognition, Emotion, and Motivation. *Psychological Review* 98(2): 224–253.
——— 2010 Cultures and Selves: A Cycle of Mutual Constitution. *Perspectives on Psychological Science* 5(4): 420–430.
Mauss, Marcel 2012 *Techniques, technologie et civilization*. PUF. (英訳 *Techniques, Technology and Civilization*. Nathan. Schlanger ed.. Berghahn Books.)
Mitchell, Lisa M. 2001 *Baby's first picture: Ultrasound and the Politics of Fetal Subjects*. University of Toronto Press.
Mol, Annemarie 2008 *The Logic of Care: Health and The Problem of Patient Choice*. Routledge.
Nordstrom, Carolyn 1997 *A Different Kind of War Story*. University of Pennsylvania Press.
Ochs, Elinor and Carolina Izquierdo 2009 Responsibility in Childhood: Three Developmental Trajectories. *Ethos* 37(4): 391–413.
Peters, Krijn 2011 *War and the Crisis of Youth in Sierra Leone*. Cambridge University Press.
Radford, Richard A. 1945 The Economic Organisation of a P. O. W. Camp. *Economica* (N. S.) 12(48): 189–201.

Roitman, Janet 2004 *Fiscal Disobedience: An Anthropology of Economic Regulation in Central Africa*. Princeton University Press.

Sahlins, Marshall 2017 The Original Political Society. In *On Kings*. Dauid. Graever and Manshall. Sahlins（eds.）, pp. 23–64. HAU Books.

Scheper-Hughes, Nancy 1992 *Death without Weeping: The Violence of Everyday Life in Brazil*. University of California Press.

Scott, James C. 1985 *Weapons of the Weak: Everyday Forms of Peasant Resistance*. Yale University Press.

Strathern, Marilyn 1992a *Reproducing the Future: Essays on Anthropology, Kinship and the New Reproductive Technologies*. Routledge.

——— 1992b *After Nature: English Kinship in the Late Twentieth Century*. Cambridge University Press.

——— 2005 *Kinship, Law and the Unexpected: Relatives are Always a Surprise*. Cambridge University Press.

Straus, Scott 2006 *The Order of Genocide: Race, Power, and War in Rwanda*. Cornell University Press.

Takada, Akira 2019 *The Ecology of Playful Childhood: Caregiver-Child Interactions among the San of Southern Africa*. New York: Palgrave Macmillan.

Tambiah, Stanley Jeyaraja 1973 The galactic polity in Southeast Asia. In *Culture, Thought, and Social Action: An Anthropological perspective*. pp. 3–31. Harvard University Press.

Trevarthen, Colwyn 1990 Signs before Speech. In *The Semiotic Web 1989*. Thomas A. Sebeok and Jean Umiker-Sebeok（eds.）, pp. 689–755. Mouton de Gruyter.

Tsing, Anna 2015 *The Mushroom at the End of the World: On the Possibility of Life in Capitalist Ruins*. Princeton University Press.

Viveiros de Castro, Eduardo 1998 Cosmological Diexis and Amerindian Perspectiveism. *Journal of the Royal Anthropological Institute* 4(3): 469–488.

——— 2014 Who is Afraid of the Ontological Wolf？Some Comments on an Ongoing Anthropological Debate. CUSAS Annual Marilyn Strathern Lecture, 30 May 2014.

〈https://sisu.ut.ee/sites/default/files/biosemio/files/cusas_strathern_lecture_2014.pdf〉（二〇一九年三月一〇日閲覧）

Whiting, Beatrice B. 1978 The Dependency Hang-Up and Experiments in Alternative Life Styles. In *Major Social Issues: A Multidisciplinary View*. John Milton Yinger and Stephen J. Cutler（eds.）, pp. 217–226. Free Press.

Zelizer, Viviana A. 1994 *Pricing the Priceless Child: The Changing Social Value of Children*. Princeton University Press.

共同性が描き出される。

グレーバー、デヴィッド『負債論——貨幣と暴力の 5000 年』（酒井隆史監訳）以文社、2016

負債とは、負債感とは何か。交換こそ公正性と社会性の根拠だとする支配的な考え方に対して異議を唱え、それが人類史のなかで貨幣、暴力、宗教とどう結びついてきたかを明らかにして私たちの現在を照らし出す 21 世紀の『贈与論』にして『資本論』。

松嶋健『プシコ ナウティカ——イタリア精神医療の人類学』世界思想社、2014

精神病院を全廃したイタリアの精神保健実践の人類学的考察。他者を内側から了解し、社会を内側から変えるとはいかなることなのか。さまざまな示唆に富む精神保健実践と人類学的知の共振。

市民社会と政治

猪瀬浩平『むらと原発——窪川原発計画をもみ消した四万十の人びと』農山漁村文化協会、2015

1980 年代の高知県の農村で、原発立地計画を地域の多様な存在が議会において全会一致で終結させるまでの課程を描く。むらのなかに、国策を跳ね返す力を見る一冊。

栗原彬『「存在の現れ」の政治——水俣病という思想』以文社、2005

高度経済成長の陰で、原因企業や国や自治体、地域社会からも周辺におかれた水俣病者が展開してきた政治を描き、そこに普遍的な市民の政治を読みとろうとする一冊。

グレーバー、デヴィッド『デモクラシー・プロジェクト——オキュパイ運動・直接民主主義・集合的想像力』（木下ちがや・江上賢一郎・原民樹訳）航思社、2015

オキュパイ運動に中心人物として参加したグレーバーによる民族誌。自分が参加している社会運動を人類学的に記述するための手がかりになる。

チャタジー、パルタ『統治される人びとのデモクラシー——サバルタンによる民衆政治についての省察』（田辺明生・新部亨子訳）世界思想社、2015

インドの「市民社会」の合法的政治から排除された下層民（サバルタン）が、非合法な方法も駆使し、圧倒的に不平等な権力関係を組み替える「政治社会」のさまを描き出す。

味とは？　老若男女にとって楽しい読み物でもあると同時に優れた民族誌である。

松岡悦子 編『子どもを産む・家族をつくる人類学——オールターナティブへの誘い』勉誠出版、2017

子どもを産む・産まないことをめぐる個人の行動から、社会の再生産にかかわる国家政策まで、幅広いトピック・地域の事例にもとづいて「リプロダクション」についての常識を問いなおす。

親族と名前

アードナー、エドウィン他著『男が文化で、女は自然か？——性差の文化人類学』（山崎カヲル監訳）晶文社、1987

人類学的ジェンダー研究のさきがけとされる論文集。性差にもとづく区分の背後にあるロジックはどのようなものであるのか。

風間計博・中野麻衣子・山口裕子・吉田匡興 編『共在の論理と倫理——家族・民・まなざしの人類学』はる書房、2012

家族・親族から先住民まで、人と人が関係を結び、集団を形成する論理と倫理をテーマとする論文集。

レヴィ=ストロース、クロード『親族の基本構造』（福井和美訳）青弓社、2000

親族理論の古典的著作。世界各地の婚姻体系を交換の視点から図式化し、構造主義人類学を開拓した。

ロック、マーガレット『更年期——日本女性が語るローカル・バイオロジー』（江口重幸・山村宜子・北中淳子訳）みすず書房、2005

更年期について、昭和一桁世代の日本女性の語りからジェンダー・老い・医療が絡みあって織りなされる社会的カテゴリーとして記述する。

ケアと共同性

浮ヶ谷幸代『ケアと共同性の人類学——北海道浦河赤十字病院精神科から地域へ』生活書院、2009

〈べてるの家〉がある北海道浦河町を舞台に、精神障害をもつ人への病院看護師や地域住民のかかわりあいについての考察から、人間の関係性の基盤にある「ケアという共同性」を浮かび上がらせる労作。

田辺繁治『ケアのコミュニティ——北タイのエイズ自助グループが切り開くもの』岩波書店、2008

タイの HIV 感染者の自助グループとともにケアについて考えることをとおして、生政治をはみ出し、医学や疫学を超え出ていく生の潜勢力と

戦争と平和

アレクシエーヴィチ、スヴェトラーナ『戦争は女の顔をしていない』（三浦みどり訳）岩波現代文庫、2016

第二次世界大戦に従軍した500人以上のソ連人女性への聞き取りから、戦時下を生きた人たちの喜びや悲嘆、誇りや苦悩を描き出した著作。著者は2015年にノーベル文学賞を受賞。

加藤直樹『九月、東京の路上で——1923年関東大震災ジェノサイドの残響』ころから、2014

関東大震災の発生後、東京を中心に朝鮮人を標的とする攻撃が拡大した過程を追うことで、いかなる状況下で「ふつうの人」が暴力に従事していったのかを伝える著作。

栗本英世『未開の戦争、現代の戦争』岩波書店、1999

国家なき社会の戦いから近年の内戦まで、人類学の戦争研究の蓄積を幅広く紹介した著作。スーダン内戦を主題とした同著者による民族誌『民族紛争を生きる人びと』（世界思想社）は、人類学者による戦争研究の金字塔的作品。

グロスマン、デーヴ『戦争における「人殺し」の心理学』（安原和見訳）ちくま学芸文庫、2004

軍隊が収集したデータなどを用いて、近代戦の戦場で多くの兵士が戦うことを拒否する様子を示し、映画などで描かれる定型的な「勇敢に戦う兵士」像を打破した著作。

武内進一『現代アフリカの紛争と国家——ポストコロニアル家産制国家とルワンダ・ジェノサイド』明石書店、2009

ルワンダでなぜ大量虐殺が起きたのか。マクロな政治的・経済的要因に加えて、農村の社会構造や虐殺参加者へのインタビュー結果も検討しながら、その原因を総合的に分析した著作。

子どもと大人

中谷文美・宇田川妙子 編『仕事の人類学——労働中心主義の向こうへ』世界思想社、2016

さまざまな地域に暮らす人びとの事例から、現代社会における労働中心主義の問題点について考える。私たちがあたりまえと思っている仕事やジェンダーのあり方を見つめなおさせてくれる。

原ひろ子『ヘヤー・インディアンとその世界』平凡社、1989

カナダ極北地域のヘヤー社会において「働く」こと、「遊ぶ」ことの意広い意味で経済人類学の理論的展開を古代から現代まで追った本。20世紀後半の開発や社会主義、新自由主義まで視野に入れ、現代世界に経済人類学がどうアプローチすべきかを考える。

若森みどり『カール・ポランニーの経済学入門』平凡社新書、2015

二度の世界大戦と大恐慌という激動の時代に生き、市場経済に抗する「人間の経済」の重要性を説いた経済人類学者カール・ポランニーの経済思想を紹介した入門書。

国家とグローバリゼーション

アガンベン、ジョルジョ『ホモ・サケル——主権権力と剥き出しの生』(高桑和巳訳) 以文社、2003

法によって守られた市民としての生 (ビオス) と無権利で暴力にさらされる「剝き出しの生」(ゾーエ) という二つに生を概念化し、例外状態であるはずの「剝き出しの生」が難民などのかたちで広がっているとするアガンベンの考察は、主権をめぐる近年の人類学に大きな影響を与えている。

オング、アイファ『《アジア》、例外としての新自由主義——経済成長は、いかに統治と人々に突然変異をもたらすのか?』(加藤敦典・新ヶ江章友・高原幸子訳)、作品社、2013

グローバルな経済的競争に適応するために、国家が領土や人びとを複数のゾーンに切り分けて差別的に統治するようになっている状況を、オングは「段階づけられた主権」と呼んで分析している。現代国家の変容を理解するうえで、人類学的視点が有効であることを示している。

グレーバー、デヴィッド『アナーキスト人類学のための断章』(高祖岩三郎訳) 以文社、2006

「国家なき社会」とわれわれの社会は根本的に異なるとする見方を乗り越え、「壁を破壊」して両者を共通の課題を抱えた連続した存在としてとらえなおそうとする思考実験の試み。人類学的知をどう「いまここ」に結びつけるのか、考えるよう迫ってくる。

ピット=リバーズ、ジュリアン A.『シエラの人びと——スペイン・アンダルシア民俗誌』(野村雅一訳) 弘文堂、1980

1950年代のスペイン・アンダルシア地方の一農村の緻密な描写をとおして、恩顧関係 (パトロネージ) など近代国家の枠組みに収まりきらない村人の生き方を示した本書は、現在の世界を理解するうえでも重要な示唆を与えてくれる。

あざやかな構造主義的な交換の四類型を提示した。

ゴドリエ、モーリス『贈与の謎』（山内昶訳）法政大学出版局、2000

モースの贈与論ではふれられなかった論点を提示し、贈与の根底にある力を探究した。ゴドリエは贈り物として与えることも、商品として売ることもできないモノがもっとも価値をもつ点に注目して議論を展開した。

ポラニー、カール『大転換――市場社会の形成と崩壊』（野口建彦・栖原学訳）東洋経済新報社、2009

かつて社会関係や道徳、政治や法などと分離できず、社会のなかに埋めこまれていた経済が、いかにそこから離れて自律的に動くようになったのか。そして社会的価値をもつ労働、土地、貨幣がいかに市場システムに組み込まれたか。19世紀イギリスの事例などから描き出している。

モース、マルセル&アンリ・ユベール『供犠』（小関藤一郎訳）法政大学出版局、1983

供物はなぜ破壊されるのか。それは供犠が供物を世俗から聖なる領域へと移行させる「聖化」（贖罪や浄化）のプロセスだから。供犠が、人間と神とがモノによって媒介され、融合するというさまざまな社会に普遍的な宗教的営みであることを提示した古典的名作。

貨幣と信用

岩井克人『貨幣論』ちくま学芸文庫、1998

「貨幣に価値があるのは、貨幣に価値があるからである」。一見すると無意味にも思えるこの循環論法にこそ貨幣の本質があることを解き明かす刺激的な一冊。

黒田明伸『貨幣システムの世界史 増補新版――〈非対称性〉をよむ』岩波書店、2014

地域をまたいでグローバルに流通する世界通貨の登場は各地域の市場を均質的なものにしなかった。この本では世界通貨と地域内通貨の断絶と非対称性に注目し、古今東西の通貨の事例を用いてその理由を解き明かしてくれる。

桜井英治『贈与の歴史学――儀礼と経済のあいだ』中公新書、2011

贈物交換は親愛の情や相互扶助というイメージで語られることが多いが、この本は中世日本における贈り物が功利的にモノを獲得するための手段であったことを教えてくれる。

ハン、クリス&キース・ハート『経済人類学――人間の経済に向けて』（深田淳太郎・上村淳志訳）水声社、2017

（向井元子訳）みすず書房、2001
アザンデの人びとの日常に満ち満ちている妖術・呪術・託宣などの諸実践と観念を丹念に検討し、今日の人類学者に多大な示唆を与えつづけている不朽の名作。
浜本満『秩序の方法――ケニア海岸地方の日常生活における儀礼的実践と語り』弘文堂、2001
儀礼を行うとはいかなることなのか。一見奇妙な「彼ら」の儀礼実践を、哲学的思考を介して「私たち」の日常的行為につなげるスリリングな著作。

モノと芸術

ベイトソン、グレゴリー『精神の生態学』（佐藤良明訳）新思索社、2000
ベイトソン30歳から66歳までの主要論考がすべて収められている本書は、芸術を「生態学」からとらえるという壮大な冒険にとっても、よき伴侶となってくれるだろう。
ベンヤミン、ヴァルター「複製技術時代の芸術作品」『ベンヤミン・コレクション1――近代の意味』（浅井健二郎・久保哲司訳）ちくま学芸文庫、1995
「いま」「ここ」という状況に埋めこまれた芸術作品の力をアウラとして提起した古典的名著。写真や映画などの複製技術が芸術作品からアウラをはぎとった過程の功罪を論じた。
レヴィ=ストロース、クロード『野生の思考』（大橋保夫訳）みすず書房、1976
「ブリコラージュ」や「具体の科学」によって特徴づけられる野生の思考は、人間性の疎外が叫ばれる現代において、芸術がめざしうるひとつの道を力強く示してくれる。
渡辺文『オセアニア芸術――レッド・ウェーヴの個と集合』京都大学学術出版会、2014
個性と民族性のはざまから生成するあらたな芸術を論じた人類学的研究。現代の芸術風景に欠かせない地域芸術という一大領域を理解する助けとなる。

贈り物と負債

小田亮『構造人類学のフィールド』世界思想社、1994
モースやサーリンズが指摘した互酬的なモノのやりとりで生じる「負い目」に注目。負い目を顕在化させる贈与、分散させて不可視化する分配、そのつど精算して解消する交換、中心への負い目を無限化する再分配と、

性』（檜垣立哉監訳、小倉拓也・佐古仁志・山崎吾郎訳）法政大学出版局、2014

ミシェル・フーコーの生権力論を手がかりに、現代医療の実践が生みだす新たな権力の形態を論じる。医療技術と人間のかかわりを知るうえで格好の案内役となる。

呪術と科学

久保明教『ロボットの人類学——二〇世紀日本の機械と人間』世界思想社、2015

20世紀前半から21世紀初頭の日本において、ロボットをめぐる科学的／文化的実践の軌跡を対称的に描きだした著作。

タンバイア、スタンレー・J.『呪術・科学・宗教——人類学における「普遍」と「相対」』（多和田裕司訳）思文閣出版、1996

西洋思想史における、呪術・科学・宗教の関係性の変遷について論じた著作（⇒コラム3）。

浜本満『信念の呪縛——ケニア海岸地方ドゥルマ社会における妖術の民族誌』九州大学出版会、2014

妖術をめぐる諸実践の絡みあいが特定の現実を生みだし、変化させていく過程を豊かに描きだした民族誌的かつ理論的な著作。

ラトゥール、ブルーノ『科学が作られているとき——人類学的考察』（川崎勝・高田紀代志訳）産業図書、1999

科学的とされる知識が妥当性を持つようになるプロセスを、自然の実在も社会的な合意にも還元せずに説明できることを、科学者の実践の関係論的な理解にもとづいて示した著作。

現実と異世界

石井美保『環世界の人類学——南インドにおける野生・近代・神霊祭祀』京都大学学術出版会、2017

野生の領域にある神霊との紐帯と近代法制度のはざまで、みずからの生と環世界を創造しつづける人びとの実践を描いた民族誌。

ヴィヴェイロス・デ・カストロ、エドゥアルド『食人の形而上学——ポスト構造主義的人類学への道』（檜垣立哉・山崎吾郎訳）洛北出版、2015

アメリカ大陸先住民のコスモロジーを軸に、自然と文化、人間と非人間的存在、西欧と非西欧の関係を問いなおす。現代人類学への問題提起の書。

エヴァンズ=プリチャード、E. E.『アザンデ人の世界——妖術・託宣・呪術』

もっと学びたい人のためのブックガイド

自然と知識

今西錦司『生物の世界』講談社、1972

東洋的な世界観をもとに人間や生き物が周囲の環境から切り離された存在ではないと主張した、今西錦司の思想のエッセンスが詰まった著作。日本の生態学や人類学に影響を与えつづけている。

中空萌『知的所有権の人類学——現代インドの生物資源をめぐる科学と在来知』世界思想社、2019

自然についての知識は誰のものなのか。生物多様性をめぐるグローバルな法、科学、在来の知識の関係を、科学人類学（⇒コラム２）の潮流を踏まえて描いた民族誌。

松井健『自然の文化人類学』東京大学出版会、1997

日本における認識人類学の第一人者である著者が、「自然」とは何かを再考した著作。日本の人類学の蓄積をとおして、「自然」概念の不自由さと豊かさを学ぶことができる。

レヴィ=ストロース、クロード『今日のトーテミスム』（仲沢紀雄訳）みすず書房、1970

さまざまに普遍的な分類操作のあり方を探る。認識人類学と視点を共有しつつも、別の流れをつくった構造主義人類学の出発点。

技術と環境

グディ、ジャック『未開と文明』（吉田禎吾訳）岩波書店、1986

言語や文字は、もっとも人間的な技術といえる。読み書きに代表されるコミュニケーション手段の差異が、人間の社会や思考様式の多様性に深く関与していることを知るには、本書から始めるのがよいだろう。

山崎吾郎『臓器移植の人類学——身体の贈与と情動の経済』世界思想社、2015

医療技術の普及により、新しい死の定義（人間の定義）、特殊な身体経験、そしてそれらをつうじた社会性が生み出されていったことを描く。

ラトゥール、ブルーノ『虚構の「近代」——科学人類学は警告する』（川村久美子訳）新評論、2008

科学技術社会論、および近代社会の人類学という新しい研究潮流の開始を告げる先駆的な著作（⇒コラム２）。

ローズ、ニコラス『生そのものの政治学——二十一世紀の生物医学、権力、主体

相互的因果　31–37, 39, 40, 42
贈与の３つの義務　90, 91
『贈与論』／贈与交換　7, 79, 80, 86, 88, 89, 91, 95–97, 206, 207
日本人の弟子　84, 184
ハウ　97
マナ　97
モル（Mol, Annemarie　1958–）　40, 172
実践誌　170, 178
モルガン（Morgan, Lewis Henry 1818–1881）　158, 161
『古代社会』　154–156

ヤ行

山口昌男（1931–2013）
中心と周縁論　183
ユクスキュル（Uexküll, Jakob von 1864–1944）
環世界　35–42, 208
『生物からみた世界』　35

ラ行

ラトゥール（Latour, Bruno 1947–）
アクター・ネットワーク論　43, 51, 54
『科学が作られているとき』　51, 52, 208
『虚構の「近代」』　43, 209
『実験室の生活』　43
パストゥールの微生物実験　38, 39
ラドクリフ=ブラウン（Radcliffe-Brown, Alfred Reginald 1881–1955）
過程としての社会　178
構造機能主義　48, 54
ラドフォード（Radford, Richard A. 1919–2006）　101
リーチ（Leach, Edmund Rosald 1910–1989）
グムサ型　93, 116, 117
グムラオ型　93, 116, 117
芸術論　78
リーンハート（Lienhardt, Godfrey 1921–1993）　62–64
ルロワ=グーラン（Leroi-Gourhan, André 1911–1986）　37
レヴィ=ストロース（Lévi-Strauss, Claude 1908–2009）
交換の失敗としての戦争　126
構造主義　49, 54, 97, 203, 209
『今日のトーテミスム』　209
死者への贈与　95
自然と文化　20
『親族の基本構造』　161, 203
贈与交換　97
野生の思考　20, 23, 49, 51, 207
ロサルド（Rosaldo, Michelle Z. 1944–1981）　160

ワ行

ワグナー（Wagner, Roy 1938–2018）　5

1932-）
参加型開発　19
チャクラバルティ（Chakrabarty, Dipesh 1948-）　66, 67
ツィン（Tsing, Anna 1952-）　25
デュルケム（Durkheim, Emile 1858-1917）
聖と俗　96

ハ行

ハラウェイ（Haraway, Donna 1944-）　23, 24, 29
パリー（Parry, Jonathan 1943-）　89, 110
バーリン（Berlin, Brent 1936-）
エティック　28
エミック　28
『基本の色彩語』　28
ピカソ（Picasso, Pablo 1881-1973）　80, 81
ファース（Firth, Raymond William 1901-2002）　157
フーコー（Foucault, Michel 1926-1984）
規律権力　123
生権力論　208
調整権力　123
パノプティコン　123
フランクリン（Franklin, Benjamin 1706-1790）　31
フレイザー（Frazer, James George 1854-1941）
感染呪術　46
『金枝篇』　44-46
進化主義　44
類感呪術　46
ブロック（Bloch, Maurice 1939-）　89, 110
ベネディクト（Benedict, Ruth Fulton 1887-1948）
『菊と刀』　141
ベルクソン（Bergson, Henri-Louis 1859-1941）
ホモ・ファベル　31, 32, 42
ボアズ（Boaz, Franz 1858-1942）
ポトラッチ　6, 91, 95
未開芸術　78, 84
ホッブズ（Hobbes, Thomas 1588-1679）
万人の万人に対する戦い　108, 112, 127
ホネット（Honneth, Axel 1949-）
承認　144, 145
ポランニー（Polanyi, Karl 1886-1964）　106, 205
『大転換』　206

マ行

松沢哲朗（1950-）　174
マリノフスキー（Malinowski, Bronislaw 1884-1985）
機能主義呪術論　48
クラ　6, 79-82, 86-88
贈与交換　86, 88
長期参与観察　4
『西太平洋の遠洋航海者』　4, 47
未開の科学　18
モース（Mauss, Marcel 1872-1950）
『供犠』　206
『社会学と人類学』　97
身体技法　32
全体的社会的事実　79, 82, 84, 86

国家に抗する社会　94, 115
政治の人類学　94
戦争論　126, 129
栗原彬（1936-）　180, 181
『「存在の現れ」の政治』　202
クリフォード（Clifford, James 1945-）
芸術=文化システム　75
旅する文化　8, 9
グレーバー（Graeber, David 1961-）
『アナーキスト人類学のための断章』　205
アナキズムと人類学　191
（基盤的）コミュニズム　93, 97, 173, 174, 176, 177
信用システム　106-108
精霊・妖術・呪術　61
対話の技法　183, 187
『デモクラシー・プロジェクト』　202
『負債論』　97, 202
ゲルナー（Gellner, Ernest 1925-1995）　69
ゴドリエ（Godelier, Maurice 1934-）
『贈与の謎』　97, 206
コピトフ（Kopytoff, Igor 1930-2013）　89
コンクリン（Conklin, Harold C. 1926-2016）　19, 24
現地語　28, 69
認識人類学　18, 20, 22, 23, 28, 209
民俗分類　18, 28

サ行

サーリンズ（Sahlins, Marshall 1930-）　207
互酬性　92
神聖な力の横領　94, 95
『石器時代の経済学』　92
ビッグ・マン　92, 114, 115
ジェル（Gell, Alfred 1945-1997）　79, 81
ネクサス　82
スコット（Scott, James C. 1936-）
国家のない社会　117
弱者のしたたかな政治　185
ストラザーン（Strathern, Marilyn 1941-）　148, 154, 158
自然と文化　21
呼び名の変化　157
スミス（Smith, Adam 1723-1790）　98, 100, 106
ゼライザー（Zelizer, Viviana A. 1946-）　110

タ行

タイラー（Tylor, Edward Burnett 1832-1917）
『原始文化』　45
ターナー（Turner, Victor W. 1920-1983）
コミュニタス論　182, 183
田辺明生（1964-）　186, 202
田辺繁治（1943-）
ケアのコミュニティ　123, 168, 203
ダニエル（Daniel, Valentine E. 1947-）
暴力の人類誌　135, 136
タンバイア（Tambiah, Stanley Jeyaraja 1929-2014）
銀河系的政体　116
『呪術・科学・宗教』　56, 208
相対論者　69
チェンバース（Robert Chambers

索　引

・人名の下位項目として関連する重要キーワードを掲載している。

ア行

アサド（Asad, Talal 1933-）　69
アパドゥライ（Appadurai, Arjun 1949-）
草の根のグローバリゼーション　120, 121
グローバリゼーション　8, 9, 119, 120
グローバル化と暴力　125, 126
アリストテレス（Aristotelês 前384-322）　110
アンダーソン（Anderson, Benedict R. 1936-2015）
想像の共同体　118
石牟礼道子（1927-2018）　181, 184, 185
『苦海浄土』　180
イェイツ（Yeats, William Butler 1865-1939）　67
インゴルド（Ingold, Tim 1948-）
社会的生　178
ヴィヴェイロス＝デ＝カストロ（Viveiros de Castro, Eduardo B. 1951-）　24
自然と文化　22, 208
『食人の形而上学』　208
多自然主義　22
ウィンチ（Winch, Peter 1926-1997）　69
ウェーバー（Weber, Max 1864-1920）
脱魔術化　80
ウールガー（Woolger, Steve 1950-）　43
エヴァンズ＝プリチャード（Evans-Pritchard, Edward E. 1902-1973）　113, 114, 161
『アザンデ人の世界』　65, 69, 208
合理性論争　69
妖術論　64
岡本太郎（1911-1996）　84
オースティン（Austen, Jane 1775-1817）　157
オング（Ong, Aihwa 1950-）　123, 205
『《アジア》、例外としての新自由主義』　205

カ行

カーステン（Carsten, Janet 生年非公表）　161, 162
ガルトゥング（Galtung, Johan 1930-）　137
ギアツ（Geertz, James Clifford 1926-2000）
劇場国家　116
原初的愛着　119
きだみのる（1895-1975）　184, 185
木村重信（1925-2017）
芸術と工芸　74
民族芸術　78, 79
クラストル（Clastres, Pierre 1934-1977）

執筆者紹介（現職／フィールド／研究テーマ）

1　**中空萌**（なかぞら　もえ）
広島大学講師／インド／知的所有権の人類学、生物文化多様性

2　**山崎吾郎**（やまざき　ごろう）
大阪大学教授／日本（科学技術、過疎地域）／身体、環境、制度

3　**久保明教**（くぼ　あきのり）
一橋大学准教授／日本（計算機科学）／テクノロジーの人類学

4　**石井美保**（いしい　みほ）
奥付の編者紹介を参照

5　**渡辺文**（わたなべ　ふみ）
同志社大学助教／フィジー、オセアニア／芸術の人類学

6　**松村圭一郎**（まつむら　けいいちろう）
奥付の編者紹介を参照

7　**深田淳太郎**（ふかだ　じゅんたろう）
三重大学教授／パプアニューギニア／経済、貨幣、死の人類学

8　**中川理**（なかがわ　おさむ）
奥付の編者紹介を参照

9　**佐川徹**（さがわ　とおる）
慶應義塾大学准教授／エチオピア、ケニア／牧畜社会の紛争と開発

10　**高田明**（たかだ　あきら）
京都大学教授／南部アフリカのサン、日本の家庭／相互行為

11　**髙橋絵里香**（たかはし　えりか）
千葉大学教授／フィンランド／高齢者ケア、家族介護

12　**松嶋健**（まつしま　たけし）
広島大学教授／イタリア、日本／「人間する」ことの人類学

13　**猪瀬浩平**（いのせ　こうへい）
明治学院大学教授／日本（障害者・農村）／首都圏開発の民族誌

編者紹介

松村圭一郎（まつむら　けいいちろう）
岡山大学文学部准教授。フィールドは、エチオピア、中東。研究テーマは、所有と分配、経済人類学。著書に『所有と分配の人類学』（世界思想社）、『うしろめたさの人類学』（ミシマ社）、『これからの大学』（春秋社）、『はみだしの人類学』（NHK 出版）。

中川理（なかがわ　おさむ）
国立民族学博物館グローバル現象研究部准教授。フィールドは、フランス。研究テーマは、市場・国家・周縁性の民族誌。著書に『移動する人々：多様性から考える』（晃洋書房、共編著）。

石井美保（いしい　みほ）
京都大学人文科学研究所教授。フィールドは、タンザニア、ガーナ、インド。研究テーマは、宗教実践、環境運動。著書に『精霊たちのフロンティア』（世界思想社）、『環世界の人類学』（京都大学学術出版会）、『めぐりながれるものの人類学』（青土社）。

文化人類学の思考法

2019 年 4 月 30 日　第 1 刷発行
2024 年 11 月 20 日　第 8 刷発行

定価はカバーに表示しています

編　者　松《まつ》村《むら》圭《けい》一《いち》郎《ろう》
　　　　中《なか》川《がわ》　理《おさむ》
　　　　石《いし》井《い》美《み》保《ほ》

発行者　上　原　寿　明

世界思想社

京都市左京区岩倉南桑原町 56　〒 606-0031
電話 075(721)6500
振替 01000-6-2908
http://sekaishisosha.jp/

落丁・乱丁本はお取替えいたします。　（印刷 太洋社）

ISBN978-4-7907-1733-1

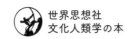